길 위에 삶

# 길 위에 삶

서재일 산문집

문예바다

| 차례 | 길 위에 삶 |

작가의 말

부부가 함께 지키는 가정 _ 10

출근길과 퇴근길 _ 19

귀락정歸樂停 _ 30

어머니와 재봉틀 _ 38

대나무 _ 45

기찻길 _ 52

인생길 _ 58

올레길, 둘레길 _ 67

길 없는 길 _ 73

극과 극의 길 _ 82

골목길 _ 89

오솔길 _ 95

초행길 _ 103

배달민족 _ 110

필기시험과 면접시험 _ 117

힘든 길 _ 126

면회 가는 길 _ 138

소풍 가는 날 _ 146

여행길 _ 152

친구와 진화되어 가는 길 _ 158

맛집 찾아가는 길 _ 165

축복 _ 171

설날 속초 여행 _ 178

행복을 만드는 가정 _ 187

인생 게임 _ 195

아름다운 사람 _ 203

나의 茶道 _ 209

가치의 논리 _ 218

슬픈 길 _ 227

마지막 길 _ 233

에필로그

| 작가의 말 |

# 머리맡에 두고 가끔 읽는 책

    견과류 중에 쉽게 까먹을 수 있는 땅콩과는 반대로 잣은 작고 껍질이 유난히 딱딱하여 쉽게 까먹기가 어렵습니다.
    영양학적 가치는 별반 차이는 없겠지만, 잣나무 향기와 특이한 맛을 내어주는 잣의 맛은 분명히 차이가 날것입니다.
    『길 위에 삶』이란 책은 땅콩보다 잣에 가까운 맛이 날 것입니다.
    읽고 소화해 내기가 다소 어렵겠지만 침대 한쪽 구석이나, 책상 위에 오래도록 놓아두고 가끔 생각날 때마다 읽어도 되고, 잠이 오지 않거나 불면증이 오는 날에 불쑥 펼쳐서 아무 페이지나 열어서 읽으면 수면제 역할도 제대로 할 것입니다.
    인생길의 어느 시점에서 잠시 쉬어갈 때 새로운 삶의 지침서처럼 한 줄 읽어 보면 필요한 참고자료가 되지 않을까도 싶습니다.

지식을 배우고 익히는 청소년 시절과 경제활동과 윤리적 삶을 실천하는 어른의 삶은 차이가 분명합니다.

인생길은 끊임없이 이어져 가는 길입니다.

때로 즐겁지만 지칠 때도 있을 것이고, 희망찬 길이지만 끝도 없이 추락하는 모습을 보일 때도 있을 것이고, 나약해져 도움받고 싶을 때도 있을 것입니다.

그럴 때 누군가 옆에서 도와준다면 얼마나 좋겠습니까? 하지만 조력자가 없을 때는 스스로 이겨내어야 합니다.

어떤 사람들은 살아가면서 한 번도 쉽게 살아본 적 없다고 말하는 이도 있습니다.

그런 사람들은 늘 무엇인가 쪼들리는 삶의 강박관념에 사로잡혀서 늘 불안하고 초조하여 잠을 못 이룬다고 합니다.

저 자신도 한때는 그런 시간을 보내면서 긴장감과 압박감 속에서 불면증에 시달렸는데 어느 날부터 그런 생각이 사라져서 아주 편안한 날을 가졌습니다.

잠도 잘 오고, 하지만 또 어느 날 갑자기 긴장되고 강박관념에 사로잡혀서 불안감이 생겼습니다. 반복되는 하찮은 관념에 잡혀서 이렇게 스트레스받고 사느니 차라리 그 시간에 자신을 지키고 이겨내는 글을 써보자 했던 글이 『길 위에 삶』이었습니다.

  잠 못 이루는 숱한 밤에 나름대로 오행의 인생길을 정립시켜 보았습니다.

  과거의 흔적들을 지우고 새로운 삶에 더 멋진 가치를 부여하고 싶어서 노력하고 있습니다.

  어느 날 주소지를 천국으로 옮기기 전까지 최선을 다하여 자신의 가치를 최고조로 높일 수 있도록 피땀을 흘리면서 열심히 살기로 다짐하며 이 책을 끝까지 읽어 주신 독자들과 함께하고자 합니다.

## 부부가 함께 지키는 가정

이년 저놈까지도 괜찮다!

"죽일 년, 썩을 놈. 헤어져!"

이혼 이야기까지 나오면 부부가 함께 가는 길은 힘들다.

부부는 왜 싸울까?

검은 머리 파뿌리처럼 흰머리 될 때까지 평생 고락을 함께하며 살아가겠다고 주례 선생님 앞에서 혼인서약과 성혼선언을 하고 하객 앞에서 두 사람은 위풍당당하게 걸어간다. 멀리서 걸어 나오는 신랑 신부의 모습과 축하의 박수, 두 사람이 함께 축복받는 행복한 길, 그리고 새로운 가족이 탄생한다.

신혼의 달콤함이란 이루 말할 수가 없다. 나의 아내는 미스코리아, 클레오파트라보다 더 예쁘고 남편은 이순신 장군, 알렉산더 대왕보다 더 멋있어 보인다. 내가 이렇게 행복해도 될까, 지금 시간이 영원히 멈추어 버렸으면 좋겠다 싶을 정도로 신혼의 둥지는 행복하다.

그러나 그런 신혼의 행복한 시간은 그리 길지 않게 주어지는 것 같다.

어떤 동기에 의해서인지 모르지만, 어느 순간에 서로 주고받는 '자기, 여보'란 예쁜 말투가 '야, 너'로 비하되면서 상대를 지칭하는 말이 변하기 시작함으로써 아주 평범한 부부가 되어 있다는 걸 느끼게 되는데 그날부터는 그냥 부부인 것이다. 현실적인 가정이 이루어지는 것이다. 한 사람과 한 사람이 혼자 살다가 둘이 함께 의논해서 같이 살아간다면 훨씬 쉽게 살아갈 것 같은데 결혼만 하면 왜 그렇게 힘들게 살아가는지 모르겠다.

칼릴 지브란은 『예언자』에서 부부를 두 줄로 된 현악기로 표현했다.

두 줄로 된 현악기로 아름다운 소리를 낸다는 것이 얼마나 힘들겠는가? 생사고락의 삶을 시작하면서 서로 욕망의 차이가 괴리감을 주기 때문일까? 자녀가 생기면 더 화목해지고 더 쉽게 살 수 있을 것 같은데 왜 더 어렵다고 말하는 것일까? 그래서 현실과 이론은 큰 차이가 있는 것 같다.

살아가면서 별별 사건들이 자주 일어나지만, 가족이 된 이상 서로가 보듬어 안고 뭉쳐서 어려움을 극복하여 가정 파탄보다는 화목을 강조하고 단합을 결의해야 한다. 서로 얼굴도 쳐다보기 싫고 늘 이혼을 생각하다 보면 대화부터 거부당해서 서로가 힘들게 살아가게 될 것이다.

가족이라는 최소단위의 공동체가 무너져서 각각 홀로서기를 한다면 삶이 더 나을 것 같지만, 한 번 파탄 난 가정은 돌이킬 수 없이 피폐해지고 회복이 되지 않는다. 그렇게 되기 전에 서로에게 책임을 전가하기보다 서로가 한발 물러나서 위로하고 배려해주고 죽어도 함께 죽는다는 가족이라는 작은 집단의 중요성을 소중하게 인식시켜 주어야 살아남는다.

50년을 넘게 살아온 부부가 이혼하는 경우 두 부부는 사랑하면서 살았다기보다는 원수처럼 함께 산 결과, 언젠가는 서로가 죽어서 없어질 때까지 참으려 하다가 결국은 못 참아서 이혼하는 경우이다.

살아오는 과정에서 서로 맞지 않는 성격이나 삶의 방식이 더 어렵게 느껴지고 어느 선에서는 분리하여 따로 사는 게

맞다고 생각한다면 어쩔 수 없이 헤어져야겠지만 결국은 서로가 가슴에 남아 있는 앙금은 버릴 수 없을 것이다.

부부의 사생활은 어느 누구도 알 수 없다. 서로가 이해하지 못할 정도의 가정불화는 돌이킬 수 없는 사건을 유발할 수도 있을 것이다.

하느님께서 행복을 주실 때 고통이라는 껍질에 싸서 주신다는 말씀이 정답인 것 같다. 행복이란 인내하고 힘든 일도 즐기면서 할 때 조용히 따라오기 마련이다. 행복은 만족만 주고, 어느 날 슬그머니 혼자서 잠적하는 요정 같은 것이다. 오래도록 간직하고 싶어도 마음속에서 살짝 왔다 가는 신비한 조력자인 것 같다.

가정의 행복을 유지하기 위해서는 부부관계가 중요하다.

말로써 아내를 존중해주고, 친절을 '베풀어'주는 것이 아닌, 진심으로 배려하는 마음으로 자신이 먼저 다가가서 무거운 물건 먼저 들어주고, 아내가 하기 싫은 일은 나도 하기 싫지만 먼저 나서서 한다. 늘 웃는 모습으로 즐기면서 가정의 행복을 만들기 위해서 노력한다.

경제적 여건이 조성되지 못하면 불행의 씨앗은 꺼지지 않는다. 아무리 남편이 몸으로 때우는 행동을 잘 해도 만족할 줄을 모른다. 마음 한구석에는 항상 불만족이 있다.

더 이상의 충돌을 피하기 위해서 경제적인 여건을 충족시켜 주어도 가정의 분수를 알고는 함부로 돈을 쓰지도 못하고 상대적인 자존심으로 고개를 숙이고 살아도 마음에 응어리진 상처는 그대로 간직한 채로 살아가고 있다.

시간이 지나고 어느 시점에 이르러 이해 충돌하는 것보다 서로 이해하면서 살 때가 다시 찾아온다. 하지만 잠시 휴전하는 것처럼 보이다가 또 어느 순간에 악몽처럼 나타나는 감정적 자극이 기폭제가 되어 한바탕 소동이 일어난다.

영혼 없는 적과 동침을 하면서 살지만, 부부싸움은 최대한 적게 하는 것이 바람직하다. 한 번씩 평화협정이 깨어지면 가정의 행복은 완전히 사라져 버린다.

부부란 아무리 좋아도 평생을 원수처럼 지내나 보다. 가장 힘든 관계가 부부 사이인 것 같다. 리사이클링되어도 부부관계란 항상 좋은 쪽으로만, 또는 나쁜 쪽으로만 흐르지 않는다. 그러므로 음양의 조화를 잘 맞추어서 유지하면 그 속에서 행복을 찾을 수도 있을 것 같은데도 이론상 그런 것이고 현실은 아닌 것 같다.

그런 극한 상황까지 가지 않게 사전에 대비하기 위해서는 극단적인 선택을 하듯이 극단적인 치유가 중요하다. 그 치유 방법은 의외로 간단할 수 있다.

대화의 시간이다. 그리고 용서다. 원수를 사랑할 때는 자신이 먼저 용서하지 않으면 일방적으로는 절대로 이루어지지 않는다.

대화의 가장 필요한 기본은 진실함이다. 대화 속에서 가족이란 공동체가 무너지지 않게 유지하는 게 중요하고, '함께'라는 마음이 중요하다.

참된 교육은 어른들의 말이 아니라 행동으로 보여주어야 자식들이 그대로 본받는다. 먼 훗날 나의 자식들이 가족이란 공동체를 유지하고, 어려움에 휘말리지 않게 하기 위해서라도 가정을 지키며 살아야 한다.

이덕무의 『사소절士小節』은 선비로 지녀야 할 일상의 범절을 924개 항목으로 나눠 정리한 책인데 그중 어가지요御家之要에 이렇게 답하였다.

"가장은 차마 못 들을 말을 꺼내지 않고, 집안 식구들이 감히 말하지 못할 말을 하지 않으면 집안의 도리가 바로 잡힌다.(家長毋出不忍聞之言, 家衆毋作不敢言之說, 則家道正矣)"

좋은 어른이 되기 위해서는 자식들 앞에서 먼저 모범을

보여야 한다. 그리고 아이들이 지켜보는 시선을 멀리하지 말고 항상 주의를 기울여서 어긋난 행동을 하지 않도록 조심해야 한다.

우리 집에는 중요한 보물이 하나 있다.

주례 선생님 앞에서 서약한 혼인서약과 성혼선언보다 더 무서운 장부가 있다. 바로 예식장에서 우리 두 사람에게 잘 살라고 축하 박수와 함께 축의금 보내신 분들의 축의금 장부이다. 축의금 장부 맨 뒤에 우리 부부는 함께 이렇게 써놓았다.

'만약 우리 두 사람이 이혼할 시 여기 장부에 적힌 모든 사람을 배신했기 때문에 위약금으로 이자를 포함해 축의금을 돌려주고 이혼하기'

서명 날인까지 해놓았다.

가끔 화나서 이혼하고 싶으면 아내에게 보여준다.

많은 금액은 아니지만, 축의금 낸 지인들 찾아가기가 쪽팔려서 이혼은 꿈도 못 꾼다. 물론 각자 축의금을 부담하겠지만 하객들 앞에서 함께 잘 살겠다고 선언한 대가로 받은 축하 박수 값은 대신할 수 없어 결혼 30주년에는 이혼하지 않고 끝까지 함께 살겠다는 서약서를 작성하고 나니 부부간에 싸움을 덜 하게 되었다.
 평생 기억하고 부부가 영원히 그 사랑을 지킬 수 있도록 함께 노력했을 때의 결과물은 삶의 가치를 높여줄 뿐 아니라 건강한 가정을 꾸며 나가는 지름길이다.

## 출근길과 퇴근길

해가 뜨면 일어나서 출근한다는 것이 살아가는 데 중요한 것인지는 모르겠다.

나는 직장생활 15년, 자영업 20년 모두 35년간 아침이면 출근, 저녁이면 퇴근을 해왔다. 직장으로 출근하거나, 영업장으로 출근하거나 아침이면 항상 문밖으로 나간다. 물론 저녁 퇴근 시간은 차이가 나겠지만 집 밖으로 나가는 시간은 일정하다.

그것은 직업을 가진 사람만의 미션Mission이라고 말할 수 있다.

유통회사에서 직장생활을 할 때다.

월요일 아침 9시부터 팀미팅을 시작으로, 10시 팀장회의, 오후 2시 전략회의 등, 월요일부터 금요일까지 빡빡한 회의와 점포 순회, 거래처 관리, 상품구매에서 매장에서 판매될 때까지의 매입부터 판매관리까지가 상품기획자(MD)들의 일과다.

 모든 걸 다 표현할 수 없지만 상품기획자의 일과는 그야말로 버라이어티해서 프로페셔널한 배우들의 연기처럼 생동감 넘치는 모습을 보여주는 나날의 연속이었다.

 회의는 회의로 끝날 뿐, 그 연속선상의 끝은 실적이다.

 내가 잘생겨서도, 집안의 백그라운드가 좋아서도, 학연, 지연 등등이 화려해서 회사에서 그냥 받아주는 것이 아니다. 사업을 경영하는 회사란 돈을 벌어와서 영업이익을 내어야만 생존 가능한 집단이기 때문이다.

 아무리 많은 회의를 해도 돈을 벌어와야만 생존이 가능하다. 때문에 입사하여 그 회사의 직원이 된 이상은 돈을 벌어와야만 한다. 그것이 그 사람의 실적이다. 생긴 것이 중요한 것이 아니고 돈을 벌어 오는 것이 중요한 것이다.

 지금은 다 지나왔지만 20대, 30대의 나의 젊음을 모두 바쳐서 치열하게 살아온 모습이었다. 지금 다시 그 시절로 돌아가고 싶은 마음은 죽어도 없다.

 자영업은 편한가?

 결론부터 말하자면 아니다. 자영업, 전문 직종에 있는 오너의 마음은 모두 똑같다.

  자신이 모든 것을 주관하여 체계적으로 이루어야만 생존할 수 있다. 차라리 회사처럼 시스템화되어 있는 체계적인 구조로 이루어져 있으면 그 시스템 속에서 다람쥐 쳇바퀴 돌 듯이 움직이면 되지만, 자영업이나 전문직에 종사하는 사람은 월세부터 해서 공과금을 비롯한 지출 등 모든 행위를 자신이 주관적으로 판단하여 경영을 해야 한다.

  손익분석을 철저히 하지 않으면 자칫 적자 경영에 빠질 수 있는데 이를 오롯이 자신이 책임져야 하므로 더욱 어렵다. MD 시절처럼 아침부터 회의는 없지만 온종일 오는 손님들과 대면하고 진료하기 때문에 평일 낮에는 개인적인 약속을 잡기가 매우 곤란하다. 그래서 자영업자와 전문 직종 종사자들은 아프면 안 된다.

  출근길!
  하루를 시작하는 아침 출근길의 얼굴과 모습은 천차만별,
  쏜살같은 걸음걸이로 빨리 걸어가는 사람,
  어깨가 무거워 땅이 꺼지도록 느리게 걸어가는 사람,
  출근하기 싫어서 느릿느릿 온갖 구경 다 하고 가는 사람,

근심이 가득 쌓여서 표정이 굳어서 걸음걸이가 부자유스러운 사람,

반면에 생기가 넘쳐나서 활기차게 걷는 사람,

생생지기生生之機라고, 일상생활 속에서 만물은 화육하는 생기를 가져야 한다고, 각색의 다양한 표정들이지만 출근길은 아무리 힘들고 어려워도 씩씩하게 걸어가는 모습이 최고 좋은 모습이다.

사무실 또는 학교에서 어렵고 곤란한 일이 있을지라도 활기찬 표정으로 걸어가야 한다. 당면한 과제는 그때그때 순발력을 발휘해서 대처하는 방법을 취해야 한다. 모든 것은 시간이 지나면 해결될 것이다.

출근길이 즐거워야 일과의 능률도 오르고, 지겹지 않고, 활기차게 시간도 잘 간다.

출근길이 고되지 않아야 짜증이 나지 않는다. 출근길에 차로 꽉 막혀있거나 웬 낯선 사람과 시비를 붙거나, 못 볼 걸 본 사람들은 하루 내내 일이 힘들고 정신적으로 고단해서 일의 능률이 떨어지고 일하는 내내 시간이 지루해질 것이다. 그만큼 출근길은 하루의 활력소 역할을 한다. 출근길이 즐겁고, 재미있다면 이상하지만 그런다고 짜증을 내고,

힘들어한들 자신만 어렵지 타인들은 모른다.

간밤에 나쁜 꿈이라도 꾸었다고 짜증 부리면 자기만 손해다. 자기 조절을 잘 해야 한다. 짜증이 나면 짜증을 털어버리고 가는 것이 나에게 가장 도움 되는 출근길이다.

출퇴근한다는 것은 경제적인 활동을 한다는 의미임과 동시에 시간과의 약속에 구속을 당하고 살고 있다는 증거이다.

시간에 구속받지 않고 마음껏 즐기며, 자신이 일하고 싶을 때 일하고, 운동, 여행하고, 다시 직장이나 영업장에 나가서 일할 수 있는 곳은 아직은 많지 않다.

내 시간을 누구를 위해서 희생해 주어야 그 대가로 돈을 받는 것이다.

글을 쓰는 소설가도 책상 위에서 시간을 투자해야만 온전한 글이 나와서 독자가 읽어 준다. 결국은 시간이 돈이 되는 것이다.

고대 로마 제정기의 스토아 철학자 세네카Lucius Annaeus Seneca는 이렇게 표현했다. "시간이 돈인데도 시간을 빌려주는 일에는 관대하지만, 돈을 빌려줄 때는 여러 가지 핑계를 대면서 잘 빌려주지 않는다." 시간은 많고 돈은 적기 때문일까, 아니면 시간과 돈의 개념이 구분되지 않아서일까.

　황금보다 더 귀한 시간을 쉽게 할애하는 사람은 의외로 많다. 아침 일찍 출근하고, 퇴근하는 사람은 시간이 중요하다는 걸 알고 있을 것이다. 시간을 소중히 여기고 잘 활용할 줄 아는 사람이 되어야 한다.

　시간은 한정되어 있기 때문이다. 때를 놓치면 배고프듯이, 시간을 낭비하면 놓치는 것이 더 많으므로 더욱 아껴 써야 할 소중한 것임에도 불구하고 시간을 허비하는 사람들이 많다. 시간을 내 것으로 만들어서 소중하게 사용해야 한다. 한번 가버리면 다시는 찾지 못할 시간, 반면에 내일이라는 시간은 또다시 리셋되어 어제처럼 24시간이 내 앞에 나타난다.

　시간은 늘 똑같이 반복되듯이 나타난다. 오늘도 똑같은 일을 한다. 매일 똑같은 일을 하지만 시간은 말없이 조금씩 육체와 정신을 노화시킨다. 어느 날 뒤돌아보았을 때 그것이 업적이 되어있으면 좋으련만 시간만 잡아먹었다고 생각된다면 허망할뿐더러 투자했던 그 시간은 다시는 되돌릴 수 없다. 돈보다 더 귀한 황금을 잃어버리게 된다. 시간은 내 곁에 영원히 머물려 주지 않는다. 출근 시간도, 일하는 시간도, 휴식 시간도 한정되어 있다. 나에게 주어진 그 시간을 알차게 가꾸어 단 1분이라도 나를 위해서 유용하게 쓸 수 있도록 소중히 다루어야 한다.

소중한 시간 관리를 잘할수록 보람된 결과물이 많을 것이다. 종일 집에서 보내는 백수라도 시간 관리를 잘하고, 시간을 정해서 사용한다면 시간은 잃어버리지 않았다고 해도 될 것이다.

시간을 흘러가는 시냇물처럼 그냥 보내면 말없이 흘러가지만 나에게 주어진 나만의 것으로 생각한다면 그만큼 소중한 보물은 없을 것이다. 흙 속의 진주도 가꾸어야 보석이 되고 다이아몬드도 가공되어야 빛을 발하듯이 시간도 가꾸지 않으면 보석이 되지 않는다.

시간은 어떻게 가꾸는가에 따라 천차만별의 가치로 변한다.

시간은 무, 유형 형태의 자산이다. 때로는 무형으로 있다가, 유형으로 바뀔 때도 있고, 어떤 때는 유형에서 무형으로 변할 때도 있다. 그러므로 이 자산은 시시때때로 관리해 주지 않으면 사라지게 되어있다. 보석 중에서 가장 가공하기 쉬우면서 또한 어렵다. 시간이란 자산도 어느 시기가 된다면 사라지게 되어있지만 나에게 주어진 한정된 자산을 얼마나 잘 활용하는가에 따라 삶의 업적은 크게 차별되어서 가치의 효용성이 더할 것이다.

  하루가 그렇게 시간 속에서 지나간다.

  어느덧 퇴근 시간이 왔다.
퇴근길이다!
  이처럼 좋은 단어가 있을까? 정말 정말 좋은 단어다.
  내일은 내일이고, 일단은 퇴근해서 집에 빨리 가고 싶어진다. 집에서 먼저 밥과 술을 먹고 소파에 누워서 내 마음대로 TV를 보면서 편안하게 휴식을 취하고 싶어진다. 이 얼마나 멋진 일인가.
  일과를 마무리하고 모든 것을 내 마음대로 편안하게~ 상상만 해도 즐거운 퇴근길이다. 종일 스트레스를 받았어도 퇴근길은 행복하다. 그런데 오늘 '야근이다'. 산산이 부서지는 슬픔, 이보다 더하랴! 직장인들의 또 다른 고충이다.
  자영업자들은 마지못해서 한다지만 직장인들은 그렇지 않다. 행복한 삶의 일부분을 고스란히 회사에 충성스럽게 바쳐야 한다.

한때는 출, 퇴근이 바뀌었던 적이 있었다.

코로나(Covid-19)가 전 세계로 퍼지면서 팬데믹 여파로 '비대면'이란 단어가 사회화되면서 출퇴근길이 사라져 버렸다.

학교는 원격수업, 회사는 재택근무, 세계 어디에서든 장소에 구애받지 않고 공부와 업무를 수행하게 되었다. 출퇴근길은 이제 추억 속으로 사라지고, 과거 콩나물버스를 보듯이 역사 기록 자료에서나 볼 수 있을 것만 같았다.

학교에도 선생님이 그렇게 많지 않아도 될 것 같고, 학생들도 꼭 학교에 가서 공부하지 않아도 집에서 컴퓨터 앞에 앉아서 공부하고, 직장인들도 굳이 회사에 나가서 책상 앞에 앉아서 업무를 수행하지 않아도 될 것처럼, 코로나로 인해 사회가 멈추어 버리는 것 같았지만 그것도 잠시이고, 코로나가 사라지고 시간이 흐르다 보니 다시 원상 복귀되어 사회는 이전처럼 활기를 되찾았다.

역시 복잡하고 혼잡해도 출퇴근은 해야 하는 것 같다. 하지만 세상은 점차적으로 더욱더 바뀔 것이다. 고정관념이 완전히 깨어져야 기술이 새롭게 탄생하고, 환경도 바뀐다. 자동차에 핸들이 없어져 자율주행차가 나오면 나중에는 바퀴도 없어져 공중부양되어 달리는 자동차가 분명히 나올 것이다. 출퇴근길이란 걸 모르고 사는 세상을 만날 것이다. 이제는 시간에는 구속받지 않는 세상이 올 것인가? 반드시 올 것이다.

출, 퇴근에서 벗어나서 자유롭게 시, 공간을 초월한 그곳에서 완벽하게 일을 해낼 수 있는 시스템이 생겨서 사회생활 하는 것에 아무런 불편함 없이 일할 수 있는 21세기, AI 시대에 가장 큰 사무혁신이 될 것이다.

사회가 이렇게 변화하듯이 우리의 생활방식도 시공간의 4차원 세계를 영위하면서 해답을 찾아야 할 것이다.

출퇴근 시간이 있었던 적이 언제였는지 모르는 시대가 온다면 또 다른 문화가 형성될 것이다. 언제 올지는 모르겠지만 지금은 열심히 출퇴근하면서 즐겨 본다.

# 귀락정 歸樂停

삶의 시작은 집이다.

요즘 신생아들은 병원에서 태어나지만 몇 년 전까지만 해도 아이들은 전부 산모의 시댁이든 친정이든 가족이 사는 집에서 태어났다. 밖에서 태어나면 천대받는다고 아무 데서나 태어나게 하지 않았다. 한국인만큼 집을 소중하게 여기는 나라도 없다. 집 밖에서 죽으면 객사라고 하여 집안에 흉사가 온다고 마지막 죽음도 어떻게 해서든 꼭 집에서 죽음을 맞이해야 했다. 지금은 과거의 이런 문화가 오히려 더 불편하고 힘들게 느껴지지만, 집이란 모든 것을 다 받아주고 해결해주는 장소이기 때문이라는 점에서 볼 때 삶의 시작과 끝을 집에서 맞이 한다는 것은 큰 의미가 있을 것이다.

동가식서가숙東家食西家宿이라는 말이 있기는 하지만 선조들은 잠은 늘 자신이 자는 집에서 자야 한다고 말했다.

집은 참으로 소중한 곳이다.

밖에서 열심히 일하고 지친 몸으로 가장 먼저 찾아가는 곳, 집은 휴식처이자, 여유로운 공간, 비밀스러운 나만의 공간이다. 이런 집이 있으므로 힘들어도 참아내고 일할 수 있을 것이다. 그래서 한국 사람들은 내 집 갖는 것이 삶의 첫 번째 목표다.

모든 것은 집을 가진 후에 이루어진다.

젊은이들의 결혼 첫 번째 혼수품은 집이다. 숟가락, 젓가락 두 개만 있어도 결혼할 수는 있지만 내 집이든 남의 집이든 집이 있어야만 밥을 해 먹고 잠을 잘 수 있다. 돌아갈 수 있는 집이 있다는 것은 마지막 희망이 살아있다는 뜻일 수도 있다. 방황하고 헤맬 때도 언제든지 돌아갈 수 있는 집이 있다면 지친 몸과 마음을 추스를 수 있을 것이다.

집은 나만의 안식처가 아니다.

가족 모두가 편안하게 쉴 수 있는 공간이며, 대화로 어려움과 즐거움을 함께 나눌 수 있는 장소이다.

가족공동체 공유의 장이 협소하거나 불화가 생겨서 삐꺽거리는 소리가 날 때 그 소리는 가족만이 해결할 수 있다. 가족공동체에서 불화가 일어난다면 집으로 돌아가는 길이 힘들어진다. 그보다 훨씬 강도 높은 자극이 가해진다. 집으로 들어가지 않는다. 그렇게 되기 전에 가족은 스스로 해결해야 한다. 가족은 절대로 나쁜 쪽으로 내몰지 않기 때문에 대화로 모든 문제를 풀어나가면 된다.

가족은 혈연관계이기 때문에 그냥 넘어가지 않는다. 가족공동체만큼은 살기 좋은 환경을 만들어 주어야 한다. 가족이 무너지면 각자가 살아가기 힘들 것이다.

가족은 끝까지 지켜나가야 한다. 가족이 사는 곳인 집이 편안해야 돌아오는 길도 편안해한다. 가족 없이 혼자서 사는 집은 늘 허전하다. 혹여 반겨주는 이가 없더라도 집은 나만의 공간이기 때문에 되돌아올 수 있는 곳이다.

집은 작은 문화공간이다.

자신이 어떻게 생각하고 만들어 놓는가에 따라 다양한 문화공간이 될 수 있다.

아늑한 분위기를 좋아한다면 호텔 같은 침실을 만들어서 안락한 분위기로도 만들 수 있으며, 취미에 따라서 오락을 즐기고 싶으면 그런 공간도 만들 수 있고, 컴퓨터를 놓고 게임도 즐기고, 놀이방으로도 꾸미기도 한다. 각자의 취향에 따라서 연출할 수 있는 문화공간으로 즐기면 된다.

그런데 혼자 살 때는 마음대로 즐길 수 있다 해도 여러 명이 함께 산다면 그렇게는 할 수 없을 것이다. 그래도 집에서 자기 공간만큼은 원하는 대로 다양하게 꾸며놓고 살 것이다. 이런 공간도 집이 있기 때문에 즐길 수 있는 것이다.

내 집은 내가 주인인, 누구의 간섭도 받지 않고 마음껏 즐기는 공간이니 얼마나 행복한 곳인가, 이런 곳이 집에서만은 성립된다. 행복한 공간을 마음껏 활용하고 즐기고 풍요롭게 생활할 수 있는 곳이 집이다.

집은 자신만이 비밀스럽게 만들어 놓은 아지트일 수도 있다.

간섭받지 않고, 숨기고 싶은 공간에서 자신만이 즐기는 공간이자 감추어 두고 싶은 비밀을 노출하지 않고 살다가 어떤 젊은이들은 아예 밖으로 나오지 않아서 은둔형 외톨이 신세가 되어 부모님께 어려움을 주기도 한다.

사람과 대면하기 싫어하고, 자신만의 세계에 갇혀 집 안에서만 사는 많은 젊은이가 문제가 되고 있다. 집은 이렇게 숨을 곳도 많다. 때로는 집에 오래 있으면 숨 막혀서 못 살겠다는 사람들도 있다. 그래서 방랑하다가 집에 들어가지 않고 노숙인이 되는 경우도 있다.

모든 사람이 나와 똑같은 생각을 하지 않기 때문에 집이라고 무조건 다 좋은 것은 아닐 수도 있다. 하지만 삶의 기본조건은 집을 가지고 있는 것이다.

연어들이 수천만 킬로의 길을 떠났다가도 회귀본능으로 인해 돌아오듯이 사람들도 본능적으로 자신의 집으로 찾아온다. 그러므로 끝까지 남겨 놓아야 할 것이 있다면 집이다.

아무리 밖에서 어려운 일을 겪어도 자신이 돌아갈 수 있는 집이 있다는 것은 큰 위안이 될 것이다.

사람들이 어려움을 당하거나 빚으로 독촉을 받아도 집만큼은 끝까지 지키고 싶어 하는데 그 집이 저당 잡혀 들어갈 수 없거나 잃어버리게 되면 한순간에 희망이 사라진다. 아무리 어렵더라도 집은 저당 잡히면 안된다. 가족이 돌아올 수 있는 마지막 희망을 버리면 안 되는 것이다.

집보다 더 큰 나라를 잃어버리면 어떻게 될까?

대한민국 국민은 그 서러움을 알고 있다. 대한민국 젊은이들은 이것을 꼭 알고 있어야 한다. 두 번 다시 적들이 대한민국을 우습게 보지 못하도록 미리 튼튼하게 국력을 키워야 한다.

### 家和萬事成, 修身齊家 治國平天下

크게는 나라를 지켜야 할 사명감도 있지만, 무엇보다 먼저 자신의 가정을 지키는 일이 먼저다. 자신의 집이 안정되어야 바깥일도 편안하게 할 수 있다.

누가 나를 위해서 도와줄 것인지 생각하지 말고, 항상 강인한 체력을 지키고, 어떤 어려움과 시련에도 이겨나갈 수 있는 정신력도 중요하다.

인생길 60년의 세월이 흘러가면 중년의 길에서는 생각은 강인하게 해도 몸이 따라주지 못한다. 무슨 일을 하면서 어디서 어떻게 살 것인지 아무도 모르지만 살아가는 주체는 자신이기 때문에 항상 주관을 뚜렷하게 가지고 살아가야 한다. 철저하게 지켜야 하는 자신만의 미션은 가지고 있어야 한다.

집의 뼈대가 골조이듯이 자신만의 골조는 사명감이다. 절대로 잊어버려서는 안 될 사명감은 자신을 지키는 것이다.

길에서 잠시 방황하여 길을 잃어버려도 정신 차리고 주체를 잃어버리지 않는다면 금방 다시 환원될 수 있다. 그러나 주체를 잃어버리면 지속적으로 자신을 찾지 못하기 때문에 방황의 끝을 잡지 못하여 무슨 일을 제대로 하지 못하는 법이다.

조선시대 승지 유광천(柳匡天, 1732~?)은 자신의 집에 귀락와歸樂窩, 즉 '돌아와 즐거운 집'이라고 써 붙였다.

나의 집 현관에 歸樂停(귀락정 : 돌아와 즐거움이 머무는 곳)이라고 써 붙어있다. 현관에 붙어있어서 들어올 때마다 한 번씩 쳐다보고 들어간다.

오늘도 나의 안식처는 변함없이 나를 기다려 주어서 감사한 마음이 든다. '집으로 무사히 귀환해서 고맙습니다.' 하고 감사의 인사를 올린 후 하루의 마무리를 하고 잠을 청한다.

값비싼 오성급 일류호텔의 하룻밤도 좋지만, 평생 우리 가족을 지켜주고 평화를 감싸 안으면서 동고동락하는 내 집이 이 세상에서 가장 안락한 휴식처이다.

# 어머니와 재봉틀

아주 오래전 어머니께서 이웃에 빌려준 돈을 3년이 지나도록 받지 못해서 결국은 나를 데리고 빌려준 돈을 받으러 간 적이 있었다. 당시에 내 나이는 8살, 초등학교 1학년이었다. 평소에 어디 가시면 무람없기만 한 나를 절대로 데려가지 않고 혼자서 다니시던 어머니께서 나를 교육 차원으로 데리고 갔거나, 아니면 혼자서 싸우기 힘들지만, 자식이라도 곁에 있으면 힘이 생길 것 같거나 둘 중에 한쪽이지만 나는 후자라고 생각한다.

아무튼, 보디가드 역할인 나는 아무것도 할 수 없어 오히려 어머니 뒤에 숨어 있기만 했는데, 어머니는 대판 싸우고 그 집에서 가장 눈에 띄는 재봉틀을 들고나와서 그것이라도 가져가겠다면서 머리에 이고 집으로 돌아왔던 기억이 난다.

어른이 된 지금 생각해보니 3년 동안 어머니의 가슴속은 사무쳐서 화병이 날 정도였을 것이다. 시장에서 쌀장사해서 푼돈 모아서 목돈을 빌려주고 이자 한 푼 없이 원금이라도 받고자 얼마나 힘들었을까. 그리고 그 돈을 빌려 간 사람들은 나의 어머니를 완전히 무시하다 못해 비아냥거리기까지 하며 엉뚱한 소문으로 나쁜 사람으로까지 만들어 버렸다. 나는 어머니께서 그렇게 싸우시는 걸 처음 봤을 때 한마디로 무서웠다. 빌려준 돈이 얼마인지 모르지만 제법 큰돈인 걸로 생각된다.

교훈은 교훈일 뿐 나도 친구에게 퇴직금 5천만 원을 한 푼도 쓰지 않고 그대로 빌려준 적이 있었다. 그 돈을 다 받을 때까지 그 친구에게 사정하고, 굽신거리고 찾아가서 돈 받을 때까지 얼마나 힘들었는지 어머니의 경험을 그대로 답습했다.

당시에 친구는 미국, 호주에서 쇠고기를 수입하여 국내에 판매하는 일종의 수입육 판매업을 시작하였다. 수입할 때 컨테이너 단위로 수입하기 때문에 한 번 수입할 때마다 수억 원이 들어갔다. 판매도 하기 전에 수입대금을 치르려면 엄청난 자금이 들어갔다. 수입육 사업을 처음 시작하였기 때문에 자금이 많이 부족했다.

그래서 여기저기 자신이 알고 있는 모든 지인의 돈을 끌어모아서 투자했다. 하필이면 내가 13년을 다니던 회사에서 퇴직할 때 찾아와서 자신이 하고 있는 사업에 투자하면 이자는 충분히 주겠다는 말에 당장 필요한 돈도 아니었고, 그동안 모아둔 여윳돈이 있었기에 그냥 그 퇴직금을 그대로 빌려준 것이 화근이 되었다.

친구는 수입육을 가지고 와서 대형 유통업체나 일반 정육점으로 넘기려고 했지만, 시장의 수요공급은 불균형을 이루었다. 한국 시장에 친구의 수입육보다 단가가 낮은 수입 쇠고기가 더 많이 유통되고 있었기에 친구가 수입한 고기는 나가지 않자 덤핑으로 날리기 시작했고 수입한 가격보다 더 싼 가격에 시장에 내다 팔고도 수입육의 재고는 냉장창고에 산더미처럼 쌓여 있었다.

운영자금과 이자 부담이 큰 데다 지인들로부터 빚 독촉까지 와서 무척 힘들어하고 있는데 같이 동업한 친구의 친구인 회사의 부사장이란 명함을 가진 친구는 부도 위기를 눈치채고는 회사의 남아 있는 자금 모두를 가지고 중국으로 도망쳐버렸다. 친구는 그날부터 채무자들과 은행 이자를 감당하지 못하고 회사를 접었다.

　남에게 돈을 빌리는 사람은 얼마나 급하고, 힘들어 굽신거리고 애원하면서 돈을 빌려달라 할까 하는 생각을 하면 정말 가지고 있는 돈 적선한다고 생각하고 얼마라도 빌려주고 싶지만, 한편으로 돈을 빌려주고 난 뒤 채무자의 안면박대와 뒤바뀐 행동을 보면 화가 날 수밖에 없다. '돈은 서서 빌려주고 꿇어앉아서 받는다.'란 속담이 그냥 생겨난 말이 아니란 걸 실감했다.

　채무자에게 몇 번을 전화해도 전화 받지 않고, 화가 나서 직접 찾아가면 피해버리고, 어떻게 한번 만나면 돈 빌려 갈 때의 모습은 찾아볼 수 없이 아주 냉정한 인간이 되어서 결국은 몇 번을 만나고 스스로 포기해버리고 잊어버리고 하는 채권자.

　가슴속에 적개심과 분노, 아까운 돈이 오랫동안 사무쳐서 오히려 채권자가 죄인이 되는 경우도 있다. 돈 빌려주고 병 생기고 죄인 되고 왜 그렇게 어리석을 짓을 했었을까란 후회를 하지만 채무자는 아무런 죄책감도 없이 잘 살고 있다.

　3년 동안 어머니께서 속앓이하면서 어린 자식을 앞세우고 찾아가서 재봉틀을 들고나왔던 어머니의 돈 받으러 가는 길은 아마도 아주아주 힘들게 걸어갔다 걸어온 길이었을 것이다.

　누군가 돈 받으러 가는 길 위에 서 있다면 응원해 주고 싶다.

　어떻게 해서라도 빌려준 돈은 꼭 받아오시고, 만약 원금도 못 받으면 채무자의 집에 값나가는 물건이라도 한 개쯤 들고 와서 타산지석他山之石 표석으로 두고, 다시는 돈 받으러 가는 길 위에 서지 않도록 해야 한다고 말해주고 싶다.

　어머니 돌아가신 지 10년이 넘었는데 어머니의 유품 중에 그 재봉틀이 지금 내 집 골방에 처박혀 있다. 나는 그 유품을 보면서 어린 시절 어머니와 함께 빌려준 돈을 받으러 갔을 때를 가끔 생각한다. 왜 그 재봉틀이 내게 있는지 나도 모르겠지만, 아무리 어렵더라도 남에게 돈 빌리지 않고 빌려주지도 않는다는 것을 지금 나의 좌우명 중 하나로 삼고 있다. 피치 못할 사정으로 돈을 빌리거나, 외상값이 생기면 1시간 내로 갚아 버린다. 이것은 나의 철학이 되었다.

　돈 관계에서는 철저하게 투명하고, 깨끗하게 마무리해야 한다.

　어린 시절의 어머니께서 전해준 후천적 채무, 채권 환경 유전인자가 살아가면서도 깊숙이 박혀 있어 좋은 유전자인지, 나쁜 유전자인지는 모르겠지만 돈 관계에서는 철저한 습관을 유물이 되어 가는 재봉틀이 아직도 바르게 지적해 주고 있는 것 같다.

  살아가면서 돈 빌려주고 돈 받으러 가는 길은 가지 않는 게 최고다.

# 대나무

외갓집 담장은 대문 앞에만 흙으로 쌓아 올린 담벼락이고 둘레는 전부 대나무 숲이었다. 어릴 때는 밤이고 낮이고 늘 무서웠다.

바람이 많이 부는 밤에는 대나무 숲에서 '사르르 사르르~ 휭~ 딱딱' 이상한 소리가 밤새도록 들렸다. 정말로 무서웠다. 밤에 오줌 누러 한 발짝도 못나겠는데, 똥까지 마려우면 정말로 진땀이 쏟아졌다. 화장실은 대나무 숲이 있는 집 뒤편에 있어서 혼자서는 갈 수 없는 곳이다. 외할머니를 깨워서 함께 화장실에 가서도 계속 "할머니, 할머니 거기 있지?"만 외치고 똥도 나오지 않고 할머니만 불러 댄 기억이 난다.

내가 고등학생이 되어서 외갓집에도 대나무를 뽑아내고 벽돌로 담장을 했다. 그리고 이제는 어른이 되어서 대나무 숲이 있는 곳을 찾아가서 그 어릴 때 추억과 함께 새로운 대나무 숲에서 나는 소리를 들을 때마다 혼자서 피식 웃곤 한다.

최명희 작가의 『혼불』의 첫 장에는 대나무의 소리와 이미지를 잘 묘사해 놓았다.

'사르락고, 사르락고 댓잎을 갈며 들릴 듯 말 듯 사운 거리다 가도 쇠, 한쪽으로 몰리면서 물소리를 내기도 하고, 잔잔해졌는가 하면 푸른 잎의 날을 세워 우우 누구를 부르는 것 같기도 하였다. 대는 속이 비어서 제 속에 바람을 지니고 사는 것이다.'라고 표현하면서 작가는 『혼불』의 첫 장에 대나무를 묘사하기 위해서 아무것도 안 하고 몇 개월 동안 고민했다고 했다.

아마 혼을 담기 위한 노력이 아니었을까? 생각한다.

'사르르 사르르~'

대나무 숲속을 걷다가 잠시 벤치에 앉아 흔들리는 대숲의 소리에 귀 기울여 보면 나의 주관적인 관점에서는 이렇게도 들린다.

외롭고 우울할 때 들리는 소리는 처량하게 들렸다가,

화나고 성질이 날 때는 짜증 나는 소리로 들렸다가,

차분하고 마음의 여유가 있을 때는 평화롭고, 감미로운

음률로 조화롭게 들렸다가, 하는 식으로 자신의 마음에 따라 소리가 다양하게 변하는 것이 대나무만이 가지는 울림소리인 것이다.

　잠시 나 자신 감정의 소리와 동화되었을 뿐이지 대숲에서 빠져나오면 아무것도 아니다. 삶이 그런 것 같다. 자신이 처한 상황에서 헤쳐 나오다 보면 새로운 모습으로 나를 만나게 된다. 지치지 말고, 그 속에 빠지지 말고 극복해나가는 과정이라고 생각한다면 현실의 어려움은 아무것도 아니다.

　긴장하지 않고 살아야 하는 세상에서 편안함을 추구하고 싶지만 그렇게 쉽게 자신이 원하는 대로 해주지 않는 것이 삶인 것 같다.

　나무와 대화한다는 것은 새로운 환경에 있는 사람이거나, 대화할 사람이 없어 너무 외로워 혼자서 하는 소리일 것이다. 그것은 아름다운 소리이다. 그래서 대나무가 대신 울어주는 소리라고 생각하면 편안하다.

　'슬퍼하지 마세요. 나와 함께 있는 사물이 있다는 것은 외롭지 않다는 뜻입니다.'

　고이 간직된 우리의 슬픈 마음의 소리를 대신 울어주는 대나무 자신은 어떤 마음일까?

살아가는 것은 아무것도 아니다. 어려우면 어려운 대로, 슬프면 슬픈 대로 살아가면 된다.

대숲 속을 걸을 때는 대숲의 소리를 들어보면서 걸어갔으면 한다.

대나무 숲을 보면 현실적으로 두 가지 생각이 든다.

첫 번째가 낮에는 모기 때문에 들어가기 싫고, 밤에는 대나무 숲에서 들려오는 대나무의 울음소리가 싫었다.

두 번째가 울산에서 학교 다닐 때 태화교를 지나면서 울창한 대나무 숲이 을씨년스럽게 보였지만, 그곳이 개발되어 멋진 힐링 장소로 둔갑된 사실을 보고 인생길 새옹지마라고 생각을 바꾼 적이 있다. 아무도 예측 못 한 푸른 미래가 공존하고 있다는 사실을 뒤늦게 깨닫게 된 것이다.

그냥 지나쳐 보면 무용지물이지만 새로운 공간으로 많은 사람이 찾아가서 즐길 수 있는 공간으로 탈바꿈해서 아름답고, 멋진 문화공간으로 탄생한다는 것은 참으로 놀라운 일이다.

어릴 때의 대나무는 무서운 추억을 안겨 주었지만, 어른이 된 지금은 모든 사람이 즐겨 찾는 아름다운 공간이 되었다는 것에 나 자신도 늙어갈수록 아름답게 꾸며주어야 하겠다는 걸 많이 느끼며 새로운 탈바꿈을 위해서 도전해 보아야겠다.

사군자 가운데에는 매란국죽이라고 하여 대나무가 있다.
 옛날 선비는 대나무를 추운 겨울에도 시들지 않고 꿋꿋하게 자신을 지킨다는 의미로 절개를 상징한다고 여겼다.
 대나무뿐만 아니라 겨울에 잎이 푸른 소나무도 있지만, 대나무의 특징을 보면 나무 속이 비어 있어 어떤 바람에도 부러지지 않는 특성을 가지고 있으며 줄기를 따라 퍼져나가는 속성과 거기서 나오는 죽순은 식자재로 사용되기 때문에 나무라기보다 식물로 분류하는 학자들도 있다.
 어느 날 대나무 숲에서 죽순이 나타나면 우후죽순이라고 순식간에 여기저기에서 튀어나와 보름만 지나면 벌써 어린 대나무로 성장하여 3개월 만에 큰 대나무로 성장해 있다. 그래서 대나무 군락지는 생명력이 강하여 오랫동안 존재한다. 단지 한 가지 중요한 것은 대나무는 습지에서 자라기 때문에 물이 없으면 말라 죽게 된다.
 대나무는 쓰임새가 많다. 태어나서는 사람에게는 죽순이

란 식자재인 음식으로 되었다가 큰 대나무가 되면 사람들이 사용하는 바구니, 의자, 부채, 기타 등등 다양한 용도의 물건으로 바뀌어 아낌없이 다 내어주는 유익한 재료가 되어 준다. 대나무는 다양한 용도로 인간사회에 공헌하고 있는 것 같다.

 세상의 무수한 많은 나무와 생물이 있지만 이렇게 음식물과 원자재로 쓰이며, 군락지는 아름다운 공원을 조성하여 사람들의 휴식공간으로도 제공되는 이렇게 특이하게 생긴 생명체는 대나무밖에는 없는 것 같다.

 그래서 그렇게 다양한 소리를 내는 것일까? 속이 비어 있으므로 아무리 강한 바람이 불어도 대나무는 부러지지 않는다고 한다.

# 기찻길

직선, 곡선에서도 똑같은 두 길이 뻗어 있다.

정형화된 작은 레일이지만 몇백 톤 하는 무거운 기차를 위에 얹고 사람과 화물을 실어 나른다.

끝은 분명하지만 연속된 길, 시, 공간적인 제약 없이 오직 철길이란 궤도 위로만 달릴 수밖에는 없는 길이다.

세상에 수많은 길이 변화하지만, 철길만은 변하지 않는다.

기찻길은 음양을 따지지 않지만, 오른쪽, 왼쪽이 항상 붙어 있는 것처럼 두 개의 길이 나란히 붙어 있는 구조다. 두 개가 조화를 이루어야 안전하다.

남녀가 붙어서 사랑을 나누고 행복하게 살면 좋겠는데, 절대로 끝까지 행복하지 않은 것 같다. 사람도 기찻길처럼 적당한 간격을 두고 사랑을 해야 하나 보다. 그래야 탈선하지 않는다.

기차여행, 정말로 낭만적이다. 달리는 기차 안에서 내다보는 풍경은 아름다움 그 자체다. 외로울 때 혼자서 기차 타고 여행을 떠나보라고 한다.

하지만, 기찻길 하면 아름다운 풍경 같은 소리보다 내 기억에는 딱 두 가지가 떠오른다.

1970년, 어린 시절 기찻길 바로 옆 오두막집이 우리 집이었다. 밤낮없이 공장으로 들어가는 화물열차의 소리와 건널 수 없는 막힌 길은 때로는 1시간을 기다려야 건너갈 수 있는 환경에, 잠자는 밤에는 덜컹거리는 기차 소리에 어린 나도 가끔 깨곤 했는데 어른인 아버지, 어머니께서는 어떻게 살았는지 아이러니하다.

기찻길의 추억은 나에게 큰 상처를 두 번 주었다.

초등학교 입학 후 누나가 한밤중에 나를 업고 부모님 마중 나간다고 나가서 기찻길 위에서 넘어졌다. 나는 다치지 않았지만, 누나는 왼쪽 팔의 접히는 관절이 똑 부러졌다. 덜렁덜렁하는 누나의 팔이 얼마나 아팠을까? 한밤중에 엉엉 울고 있는 누나와 나의 울음소리에 사람들이 모여들어서 우리를 집까지 데려다주었다.

70년대 초 당시 소방서는 불 끄는 역할만 할 뿐이었다.

병원은 시내에 가야만 있었다. 중요한 것은 당시에 부모님도 누나를 데리고 큰 병원에 가지 않고 접골하는 사람에게 가서 뼈 맞추고 붕대만 감고 돌아왔다는 것이다. 그 뒤로 이상하게 팔이 붙어버린 누나는 영원히 팔에 장애를 입은 채 살고 있다. 70년대의 현실이었다.

그 한밤중에 아버지, 어머니 마중을 왜 나갔으며, 잘 걸어다니는 초등학교 1학년이 된 나를 왜 업고 나갔을까, 지금 생각해봐도 이해할 수 없는 일이다.

그 아픈 딸을 병원에 데려가지 않고 접골원에만 갔다 온 어머니도 이해가 안 된다.

아무튼, 경제적으로 가난한 탓도 있겠지만 시대적인 착오도 한몫했을 것이다.

요즘도 누나의 팔을 볼 때마다 가슴이 아려온다.


또 한 번의 사고가 있었다.

놀이터가 기찻길이다 보니 화물열차가 오지 않으면 기찻길에서 뛰어다니고 놀았다.

어느 날 대나무막대기를 입속에 넣고 놀다가 그 대나무막대기가 나의 목구멍 속에 박혀 버렸다.

으악 피가 뚝뚝 떨어지고 울고불고하며 난리를 치고 있었다. 또다시 동네 사람들과 어머니는 나를 데리고 병원이 아닌 약국으로 데리고 갔다.

약국 아저씨는 나의 목구멍에 박혀 있는 대나무를 좌우로 살살 돌리면서 앞으로 살짝 빼내었다. 생각보다 피는 많이 나지 않았다. 다행히 대나무가 목구멍에서 빠져나왔다.

구경하고 있던 사람들이 이구동성으로 다행이라고 외쳤다.

정말 이상했다. 왜 병원으로 가지 않고 약국으로 갔을까?

사실은 시내 병원까지 가는 시간은 멀고 차편이 없었다. 천만다행인 것은 목구멍에서 큰 혈관이 터지거나, 목구멍에 천공이 나지 않았다는 것이다.

위험천만했지만 살아있다는 것만으로 감사했다. 목구멍에서 대나무가 빠지는 순간 옆에서 지켜보던 사람들을 보니까 부끄러워서 얼굴을 들 수가 없었다. 어린 나이지만 쪽 팔렸다.

어머니와 점 보러 가거나 가끔 나의 사주팔자를 보는 점쟁이들은 꼭 한마디 던지는 말이 있다.

'어릴 적 죽을 뻔했네요.' 마치 초년운에 사망할 팔자를 타고난 사람처럼 피해 갔으니 오래 살겠다는 뉘앙스로 말

한다. 은근슬쩍 그 말을 들을 때마다 기찻길 위의 대나무 생각이 난다. 물론 그뿐만 아니다. 어릴 적 죽을 고비를 넘길 정도로 아주 힘하게 살았는가 보다.

사실 70년대의 어린이 사망률은 꽤 높았다. 질병뿐만 아니라 산업이 발전해가는 단계에서 공장지대에 사는 사람들의 환경이 열악하였기 때문이었다. 그런 틈바구니에서 죽지 않고 잘 살아온 것만으로도 다행이라고 생각한다.

기찻길은 기찻길이지만, 기차 여행할 때마다 간이역 매점에서 판매하는 가락국수와 기차 안에서 왔다 갔다 하면서 달걀, 음료수, 맥주, 소주, 과자를 판매하는 아저씨한테 달걀 3개들이 한 줄과 맥주 1병을 사 먹을 때는 내가 어른 되었다는 걸 실감했다. 그러면서 어릴 적 그 무서운 사건들이 아련한 추억으로 눈시울을 적셨다.

무괴아심無愧我心 내 마음 부끄러움 없도록 어질고, 의롭고, 바르고 착하게 살고 있다.

# 인생길

눈 위의 기러기 발자취도 눈이 녹으면 없어진다는 뜻으로 설니홍조雪泥鴻鳥라는 말이 있다. 사람의 발자국도 이처럼 어느 날 눈 녹듯이 없어진다는 뜻이 담겨 있다.

하지만 사람의 발자취에는 그 사람만의 특유의 체취와 유전자가 담겨 있으므로 쉽게 지워지지 않는다.

사람으로서 살아가는 동안 그 이름값을 하기 위해서는 사람답게 살다 가야지, 죽어서 다시 그 이름으로 태어나지는 못할 것이다.

태어나서 잘 살라고 뜻깊게 지어준 것이 이름이라고 한다. 시작과 끝을 모르는 변화무쌍한 인생人生길 위에 뜻깊은 족적을 남기고 가야 하지 않겠는가.

길이라고 무조건 만사형통 다 갈 수 있는 것도 아니다.

인생길에는 정도正道가 있듯, 정형되지 않는 비정형非正形

의 길도 있다.

　인생길이란 게 그런 것 같다. 모순되지 않은 것에 모순된 것이 함께 공존하는 것처럼 예측불허의 어떤 돌발상황에서도 자신을 지키면서 개척해 나가는 것이 그리 순탄하지 않다는 뜻이다.

　철학적으로 생각하는 인생길보다는 체험하고, 고통과 시련의 맛을 보고 느낄 때 인생길의 맛이 더욱 달콤하다. 풋내 나는 인생철학은 설익은 풋과일처럼 맛이 없지만, 고진감래 세상풍파 비바람 맞고 어떤 역경도 이겨낸 인생길은 잘 익은 과일처럼 맛이 달콤할 것이다. 시련과 고통이 주는 선물이다.

　당신은 외로운 길을 걸어본 적 있는가?

　초라한 자신의 모습, 끝없이 추락하는 나락의 고통, 고독함, 지루한 나날들······.

　죽어 버리고 싶지만 실행하지 못하는 자괴감이 나 자신을 비웃었다.

　술과 담배가 타락의 모든 것들을 충족시켜 주지 못했다. 방황하는 나를 잡아 주는 이 아무도 없었다. 이 추락하는 세상에서 다시 희망의 날갯짓할 때는 힘이 빠져서 헤쳐나올 수 없었다.

　극한 상황까지 치달았을 때 오는 자괴감으로 자살하고 싶은 충동이 머리끝까지 왔지만 행동으로 실천하지 못하여 다시 되돌아왔다.

　천천히, 아주 천천히 내가 사람인가? 라고 생각할 때 아직은 사람이야! 하며 벌떡 일어서서 마구 달렸다. 정신이 살아야겠다는 메시지를 육체에 전달하면서 새로운 일을 찾아서 탐구하고 다시 사람들과 공존해야 한다는 생각이 들었을 때 활력이 생겼다. 20대 초반에 갈등하던 시기의 모습이다.

　'아픔을 겪어보니 면역력이 생기더라' 나의 지론이다.

　아픔은 고통을 주기 때문에 육체의 반응은 빨리 치유되기를 바란다. 그러면 다음에 또다시 그런 반응에 대응하기 위해서 면역성이 생긴다. 인생길 시련이 닥칠 때마다 많은 면역력이 생기더라. 그래서 끊임없는 도전을 하면서 살아왔다. 그럴 때마다 드는 생각은 혼자만의 삶이 아니라 더불어 살아가야 한다는 것이다.

　작은 씨앗에서 잎과 가지가 생기고 성장하면서 가지는 더욱 뻗어나가서 아름드리 나무로 성장하듯, 사람도 쭉쭉 뻗어나가는 나무처럼 성장하면 좋겠지만 움직이는 생명체의 생리적 성장점이 그대로 멈추어 버리는 구조이다.

　대신에 정신은 무한히 성장하는 구조이다. 사람과 사람이 연결되어 공동체를 형성하고 역사를 만들고, 미래지향적인 인간사회를 만들어 가는 매트릭스 구조를 형성하는 것이다. 이것이 그 사람의 발자취가 되어 인생길이 되는 것이다.

　인생 살아가는 법, 아무도 가르쳐주지 않는다.

　그때그때 보고, 듣고, 기록하고, 스스로 공부해서 자기 것으로 만들어 실천해가는 과정에서 업적이 쌓여서 만들어지는 것이다.

　축록자불고토逐鹿者不顧兔라고 목표를 향해 나아가는 사람은 작은 이익에 연연하지 않고 나아가는 집중력과 결단력을 더 중요시한다.

　하지만 살아가는 과정에서 참된 삶, 성실한 삶, 가치 있는 삶, 정의로운 삶, 진실한 삶과 같은 등등의 결과물에 따라서 가치가 부여되는 삶의 모습일 뿐, 결과물을 평가하지는 않는다. 변질된 부산물도 많이 흘러나온다.

　유효기간 100년 동안 변질되지 않고 맛을 잃지 않고 효율적으로 사용하여 깨끗이 비울 때까지 잘 사용하고 신에게 다시 반납하면 될 걸, 자기 것도 아닌 생명을 뭘 그리 애착을 가지고 영원히 사용할 것인 양 소중하게 간직하는지 모르겠다.

정신없이 인생길 가다 보면 어느덧 혈기 왕성한 젊음을 뒤로하고 에너지가 서서히 빠지기 시작한다. 삶의 보람과 충만함 없이 경제적 안정도 되지 않았는데 의지력이 약해지면 무엇인가 부족함과 허전함이 오기 시작하고 자신도 모르게 인생길 60여 년을 걸어왔다는 자각에 이르게 된다.

벼가 완전히 익지도 않았는데 가을이 오듯이 자신도 모르게 서두르고 바빠지는 날이 오면 60여 년의 고개 위에 있다고 생각하면 된다.

아직도 살아갈 날이 까마득히 많은 것 같은데 왠지 불안하고 초조해지기만 한다.

너무 빠른 것 같지만 조금이라도 혈기가 살아 있을 때 다시 새로운 삶을 찾아야 한다. 그동안 쌓은 역량으로도 충분하게 살아갈 수 있어야 한다. 나이가 들수록 경제적인 여건에서 벗어나서 돈에 지배당하지 않고 살아야 한다. 그래서 가질 만큼 가지고 즐기면서 살아야 한다. 하지만 결과물에 만족하면서 내려놓을 수밖에 없는 시간이 찾아올 것이다.

인생길에는 유효기간이 정해져 있지 않다. 어두운 현실이든 밝은 미래가 펼쳐져 있든 자신이 개척해가는 곳까지 가는 것이다.

인생길 어느 한 시점에서 멈춘다면 자신이 걸어온 길을 뒤돌아보고 삶을 재조명해보면서 후회 섞인 푸념과 결과의 맛을 알게 될 것이다.

책임은 자신의 몫이기 때문에 평가하기 보다는 자부심을 느껴야 한다.

인생은 나그네의 길이 아니라, 내가 주인공이 되어 똑바로 살아가야 하는 중요한 나만의 길이다.

『채근담』의 한 대목을 인용하자면, '사람의 행복과 재앙은 모두 마음이 만들어 낸 것이다. 이익과 욕망의 마음이 치솟으면 인생은 불타는 지옥이 되고, 탐욕과 집착하는 마음에 빠져들면 인생은 곧 고통의 바다가 되며, 일순간 마음이 맑고 깨끗하면 맹렬한 불길이 청량한 연못을 이루고, 찰나의 마음이 깨달으면 고통의 바다를 건너던 배도 어느새 피안에 다다른다.'라고 하였다. 인생길의 가치는 저마다이기에 누가 잘 살고, 못 살았다고 따지고 평가하지 않는다. 인생길은 소중한 경험들이 쌓여서 보람을 이루어내면 그 자체로 소중한 가치를 창조하는 것이다.

한 세대를 넘기면서 그동안 겪어온 경험들을 차곡차곡 정리하여 다음 세대들에게 물려주어서 좋은 지침서도 마련해 주고 지혜롭게 이겨나가는 참고서를 마련해 주어야 할 것이다.

수십 년을 이루어온 삶의 체험들, 어느 날 외국 여행한다고 10시간의 비행기를 타고 나가다 갑자기 사고가 나서 죽었다고 가정한다면 그 업적들이나 체험은 한갓 무용지물로 보잘것없이 끝이 날 것이다. 인생길은 현재가치로 시, 공간 속에서 자신이 만들어 가는 유·무형의 한 모습이다.

100년 훌쩍 넘어 인간수명이란 한계성을 뛰어넘어 생을 마감하기 전까지 맑은 정신으로 최대한 한 톨의 에너지까지 다 쓰고 가는 것이 최고의 가치일 것이다.

그렇게 인생길 끝점에 도달하기 전에 후손들에게 넘겨줄 것은 넘겨주고 가지고 갈 것은 영혼에 보따리 싸서 넘겨주고 홀가분하게 떠날 때가 인생길 종착지인 것 같다. 인생길 마지막까지 원하는 대로 다 하면서 살 수는 없지만, 현재를 아름답게 살다가는 모습이 가장 훌륭한 인생길이다.

누구도 나를 대신해 살아주지 못하기 때문이다. 험난한 고통의 길, 방황하고 갈등하는 길, 잘못 들어서 헤매는 시간, 나를 괴롭히는 사건들……. 이 모든 것들에서 벗어나고 싶어도 처절한 경쟁 사회에서는 누구도 나의 힘든 삶에는 관여하지 못한다. 인생길 위에서 함께 고통 분담할 수 있는 조력자가 있다면 얼마나 좋을까, 하지만 자신이 만든 일은 자신이 헤쳐가야 한다.

　인생길 위에는 마지막이란 단어는 생략되어 있다. 언제 끝날지 아무도 모르기 때문이다. 언제 어떻게 닥쳐올지 아무도 모르는 예측불허의 미래의 길을 두려워할 필요가 없다. 가는 데까지 가는 것이 인생길이다.

## 올레길, 둘레길

　몇 년 전에 스페인 산티아고 순례길 중간중간에서 스탬프 도장 찍은 여권 비슷한 수첩을 자랑하던 친구가 있었다.
　또, 어떤 사람은 제주도 올레길 중간중간에 스탬프 도장 찍은 수첩을 보여주면서 올레길을 완주하고 돌아왔다고 자랑질했다.
　유기농, 천연식품 재료로 음식을 만들어 먹으면 그것으로 될걸, 마치 TV에서나 본 듯한 유명한 셰프들의 음식들처럼 맛을 더 내기 위해서 특별 조미료를 첨가하여 이상야릇한 맛을 낸 음식. 일반 서민들은 맛도 볼 수도 없지만 구경도 못 해본, 호텔 주방에서나 만들어 구경시켜주는 음식물 자랑거리 같아서 헛웃음만 나왔다.
　올레길, 둘레길, 해파랑길 등등의 자연환경에 방부목과 아스콘을 덮어씌워 사람들이 편리하게 걸어 다닐 수 있도록 새롭게 만들어진 길을 걸으면서 주변 환경을 훼손시키지 않고도 조화를 이루는 길에서 사색도 하고 자연의 아름다움을 만끽하면서 걸을 수 있도록 편리하게 만든 길에서 꼭 이렇게 스탬프 도장까지 찍어 가면서 걸어가야만 하는 걸까 하는 의구심마저 들었다.

 이런 올레길, 둘레길이란 강제적으로 끝까지 걸어가야만 하는 것은 아닌 것 같다. 자신이 필요해서 스스로 가는 길이지, 어디를 가든지 아무 곳에서나 힘들면 편히 쉴 수도 있고, 피곤하고 육체가 지칠 때면 그 자리에 앉아서 머물렀다가 갈 수도 있고, 끝까지 갈 수 없을 때는 돌아서 올 수도 있는 길이다. 둘레길은 끝이 없이 이어지는 길이 아니기 때문에 끝을 향해서 가는 것이 아니고, 자신이 원하는 만큼 가도 미련 두지 않고 돌아올 수 있는 길이다. 누구에게 완주했다고 자랑질하는 길이 아니란 뜻이다.

 사람의 발자취가 많지 않거나, 흔적만 남아 있는 길을 온새미로 훼손하지 않고도 지방자치단체에서 잘 닦아서 편리하게 다닐 수 있도록 만든 길을 요즘은 새,하,마,노로 도담스럽게 잘 만들어 놓았다. 꼬불꼬불, 울퉁불퉁 길을 반듯하게 만들어서 걸으면서도 신경 쓰지 않고 자연과 조화를 이루면서 사색할 수 있도록 만들어진 둘레길을 걸으면 몸과 마음이 편안하다.

마음이 허전하거나, 신경 써서 해야 하는 일이 잘 풀리지 않을 때, 여유를 찾고자 할 때 둘레길을 추천하고 싶다.

몇 킬로미터쯤 걸어가다 약간의 땀과 육체의 활동량이 커질 때쯤이면 '아~ 좋아', 쾌활해지고 상쾌한 기분이 들 때 다시 제자리로 돌아오면 된다. 돌아올 때면 마음속에 엉켜 있는 앙금들이 조금은 녹아 내려서 한결 부드러워져 있는 가슴을 느낄 것이다.

걸음이 주는 힐링은 이렇듯 엉겨 붙어있는 불편한 생각을 녹여준다는 것이다.

길을 걷는데 굳이 도장까지 받으면서 내 육체의 힘든 모습을 확인시키고 싶지 않다. 세상에서 가장 편안한 복장과 마음속 아픔을 치유하면서 팥앙금 같은 쓰레기를 훌훌 털어버리고 싶을 때, 걸어가면서 세상 온갖 구경 다 하면서 자연과 한 몸 되어 순환하고 싶을 때, 청천백일靑天白日과 서쪽 하늘에 붉게 물들어가는 석양을 바라보며 황혼의 아름다운 삶의 만족을 느끼고 싶을 때는 언제든지 편안하게 걸을 수 있는 올레길, 둘레길을 추천해 드리고 싶다.

자연이 마음속의 도장을 찍어줄 것이다.

수많은 길 중에서 둘레길을 걸을 때는 나도 모르게 편안한 느낌과 자유로움을 느낄 수 있는 여유가 더 많아진다.

오히려 잘 포장되고 편안하게 걸을 수 있는 길에서 왜 어린 시절에 걸었던 불편함을 더 많이 느끼는 걸까. 마음의 여유가 있어서 그런 건 아닐까 생각한다.

둘레길을 거닐다 보면 내 기억 속 한 귀퉁이에 잠자고 있던 환경이나 시, 공간의 추억이 새록새록 떠오르며 향수를 불러일으킬 때도 많다. 추억을 생각하면 또한 현재에서 마주치는 사실을 공감하며 혼자든, 함께하는 사람이든 자신이 만족을 느끼면 최상의 길이다. 즐기는 것이다.

길을 걸으면서 힘이 든다는 생각보다는 길 위에서 스스로 즐기면 몸이 가벼워진다. 무거운 마음과 육체는 길 위에서는 고통이다. 무거운 짐을 가볍게 하는 방법은 아주 간단하다. 버리면 된다. 9박 10일 히말라야 등반하는 것도 아닌데, 무얼 그렇게 고통스럽게 마음과 육체를 힘들게 할까.

무일무처 무진장 無一無處 無盡藏 하나도 없는 곳에 많이 있다는 뜻이다. 올레길, 둘레길을 한 바퀴 돌고 나면 무진장 많이 담아 올 것이다.

편안하게 걸어 다니고, 마주하는 사람들과 인사도 나누면서 즐겁게 걸어 다니면 마음과 육체는 자신도 모르게 가벼워져서 새로운 생활을 리듬감으로 시작할 수 있을 것이다.

올레길은 아침에 걸을 때와 낮에 걸을 때 그리고 석양이 저무는 해 질 녘에 걸으면 똑같은 장소이지만 시간 차이에 따라 길 위에서 느끼는 멋과 맛은 환경이 주는 별미다. 아침의 올레길은 상쾌함과 새로운 희망을 보여주고, 한낮의 올레길은 부드러움과 즐거움을 보여주고, 석양이 지는 해 질 녘의 올레길은 갈무리하는 안도의 힘에서 에너지를 한껏 충족시켜 준다.

길은 나에게 고통만 주지 않는다. 희망도, 기쁨도, 행복함도 모두 맛보고 느낄 수 있도록 골고루 나누어 준다.

이 멋진 길을 즐겨보시고 일상으로 회귀할 때쯤 마음에서 만족할 수는 없지만, 충족시킬 수 있을 만큼의 에너지가 들어 왔다는 아름다운 메시지가 자동으로 흘러나올 것이다.

스탬프 도장 따위엔 신경 쓰지 마시고 용감하게 올레길 함께 걸어가 보지 않으시겠습니까?

## 길 없는 길

　살아가면서 심신지우心身之憂하며 한 번쯤은 길 위에서 배회하는 자신의 모습을 볼 때가 있었을 것이다. 더 이상 헤쳐 나갈 힘조차 없어 포기하고 싶은 길, 마치 낭떠러지에 서서 끝이 보이지 않는 길, 깊은 수렁 속으로 더 빠져들어 가서 헤쳐나오지 못하고 어려웠던 로위경험路危經驗한 시기를 길 없는 길로 표현했다.

　나약해진 정신력과 피폐해진 감정으로 끝없이 떨어지는 절망으로 날개를 접거나, 포기해버리고 싶은 육신과 정신은 고달팠다. 마치 말뚝에 고삐가 감겨서 꼼짝달싹 못 하는 우매한 황소처럼 삶의 굴레가 마비되거나 수렁 속에서 헤쳐나가려고 해도 더 깊게 빠져들었다.

　갑자기 직장을 잃어버리고 몇 년을 방황할 때의 모습이다.

가정의 불화는 둘째 문제였다. 초라해지고 피폐해져 가는 자신을 어떻게든 극복하기 위한 싸움은 술과 담배로 달래기에는 한갓 팔자 좋은 놀이에 불과한 것, 끊임없이 새로운 삶을 찾아서 스스로 이겨내어야 했다.

삶은 이런 시련을 줄 때도 있다. 이런 때는 자신만의 지혜와 슬기, 용기로 헤쳐나가지 못하면 나락奈落에 떨어져서 빠져나오기가 무척 힘들다.

신앙의 힘으로라도 헤쳐나오고 싶었지만, 수렁 속에 있을 때는 누군가의 도움이 절실히 필요하다. 자신의 힘으로 도저히 헤쳐나오지 못할 때는 가까운 사람들에게 도움을 청해야 한다. 도움을 청할 줄 아는 것도 살아가는 방법과 수단이다. 오히려 절망에 빠져서 죽어 가는 것보다 훨씬 유익한 삶이다.

길 없는 길이란 없다.

낭떠러지 앞에서 아무것도 보이지 않는 것은 앞만 쳐다보고 있거나, 하늘만 쳐다보고 있기 때문이다. 낭떠러지 밑에는 물이 흐르는 계곡이 있다. 그것이 바로 길인데도 그 희망차고 아름다운 길을 보고도 앞이 안 보이는 절벽만 생각하기 때문이다.

현실을 바로 보고 천천히 만들어가는 자신의 삶을 생각한다면 길 없는 길은 새로운 탄생의 길로 만들어질 것이다.

길 없는 길은 돌아가라는 뜻이다.

살아가면서 내가 가진 역량이 부족할 때, 깨우쳐 나가는 방법으로 남에게 배우는 것도 지혜다. 아무것도 모르면서 앞만 보고 달려가다가는 길 없는 길로 가는 어리석은 행위가 될 것이다. 인생 나침판을 들고, 보이지 않는 길을 똑바로 찾아가는 방법을 터득할 때까지는 배워야 한다. 나중에 나 자신이 먼저 길을 찾아가는 방법을 완전히 터득하면 나의 뒤를 따라오면서 어려워하는 후배들에게 내가 도움받은 만큼 또 가르쳐 주고 이끌어 주는 관습이 길 없는 길 이 아닌 똑바로 찾아가는 바른길을 인도하는 아름다운 삶의 길이 될 것이다.

새롭게 만들어진 길은 많은 사람이 함께 걸어가야만 더 빛이 난다.

아무도 걸어가지 않는 길은 잡초만 무성할 뿐 쓸모가 없다.

신심교익身心交益이라고, 어떤 과학자가 유용하게 쓰이도록 잘 만들어 놓은 물건들은 모든 사람이 편리하게 사용한다. 예를 들자면 컴퓨터를 전화기에 붙여서 어디에서나 쉽게 사용할 수 있는 스마트폰은 이제 일상에서 없어서는 안 될 필수품이 되었다. 하지만 유선 전화기는 이제 도태되어 많이 사용하지 않는 불필요한 사물이 되었다. 편리함을 추구하고 간편하고 어디에서나 쉽게 사용할 수 있는 유익한 상품은 스마트폰이 되었다는 것이다.

 진화하는 것과 도태되는 것은 점점 더 차이가 크게 나서 21세기 유비쿼터스 시대에는 지구의 모든 곳이 1분 내로 통화연결이 되어서 간격과 거리 차이 없는 세상이 되듯이, 삶은 이제 차이가 없어진다.

 길 없는 길이 새로운 길을 만들어 낸다.

 개척하는 것이다. 세상은 네모진 상자가 아니다. 둥글둥글하게 생겨서 끝이 없이 연결되어 있다. 지구 밖을 나가지 않고도 지구 밖을 체험할 수 있는 가상 세계까지 다니는 길을 뚫고 있다. 한계점이 없다는 뜻이다.

 과거에 많은 업적을 남겨놓고 이제는 은퇴하고 노후를 즐기는 어른이나, 현직에서 열심히 일하고 있는 직장인, 자영업자, 그리고 앞날을 개척해 나가는 용기와 패기가 가득 찬 청소년들도 모두 공통된 것을 찾기 위해 끊임없이 움직이고 있다는 것이다. 현실에서 움직이든, 상상 속에서 움직이든, 생존을 위한 행동은 과학과 비과학과 관계없이 움직임으로써 생존할 수 있다는 것이다.

  생존을 위한 길을 찾는 것이다. 길은 끝이 없다. 순환구조이기 때문에 방향만 잃지 않고 간다면 무한대로 이어지기 때문이다. 산에서 길을 잃어버렸다고 해서 길이 없는 것이 아니다. 순간적으로 방향을 잃어버렸기 때문에 헤맬 뿐이지 천천히 방향을 찾아서 나오면 된다. 낭떠러지 앞에서 밑으로 떨어지면 안 된다. 돌아서 나가면 다시 길이 보이는 것이 세상 이치다. 무조건 앞만 보고 달리면 오히려 지쳐서 가지 못한다.

  좌우를 살피고 어디로 향해서 달리는지를 구분해야 한다. 주체를 잃어버리면 어렵다는 뜻이다. 길은 차단막이 없이 연결되어 있으므로 연결통로만 잘 찾아 들어가면 새로운 세계가 펼쳐진다. 순간적으로 적응하지 못하고 헤맬 때가 있는 것이다.

  당황하지 말고 판단을 잘해야 한다. 이 길을 계속 가야 할지 아니면 되돌아서 나와서 다른 길을 찾아가야 하는지 순간적인 판단력과 순발력도 중요하다. 자신이 찾고 있는 길이 맞는다면 계속 꾸준히 걸어가야 한다. 자신감을 가지고 헤쳐나가야 한다.

　외나무다리에는 샛길이 없다. 오직 앞으로만 전진해 가야 한다. 나중에 후회하지 않고 열심히 살았다는 좋은 평가는 <u>스스로</u> 하면 된다.

　길 없는 길은 그냥 새로운 길을 만들어 주지 않는다.

　<u>스스로</u> 찾아서 개척해가야만 새로운 길이 나타난다. 잘못된 길을 가다 보면 후회될 때도 있다. 비관적인 생각이다. 잘못된 길은 후회하지 않으려면 판단을 잘 해야 한다. 과감한 선택이 중요하다. 원점에서 다시 시작해야 한다.

　새로운 시작도 길을 찾는 방법 중의 한 가지다.

　물론 심사숙고해서 선택해야 하지만 과감한 결단력과 추진력이 원동력이 되어서 앞을 향해 나가야만 한다.

　자신이 잘할 수 있는 것을 선택하는 것도 한 가지 방법이다. 엉뚱하고 생뚱맞게 길을 잘못 선택해서 가다 보면 쓰러지게 마련이다. 길은 여러 갈래로 나 있다. 선택할 때 신중하게 자신이 가장 잘할 수 있는 것을 찾아서 가야 한다.

　새로운 길을 만들어 낼 때의 성취감은 나중에 큰 보상으로 자신에게 되돌아올 것이다. 후회는 자신의 판단력과 의지력의 실추 때문에 나타나는 결과물이기 때문에 후회하지 않는 삶을 살기 위해서는 스스로 길을 찾거나, 만들어야 한다. 가만히 있으면 절대 앞으로 나가지 못한다. 길 위에서는 움직여야 앞으로든, 뒤로든 나가기 때문에 나 자신이 앉아 있는 것은 잠시 휴식을 하는 것이고, 서서 움직이는 것은 걸음을 멈추지 않았다는 증거이다. 우리는 끊임없이 움직여야 한다. 죽을 때까지 열심히 움직이면서 살아야 한다. 왜냐하면, 식물이 아니고 동물이기 때문이다. 동물은 움직이기 때문에 동물이다. 움직임 자체를 즐겨야 삶도 즐거워진다. 고민도 앉아서 하지 않고 서서 움직이면서 해야 한다. 그래야 판단력이 빨라진다.

 길 위에서는 판단력과 추진력이 빨라야 움직임도 빨라진다. 어려운 일이 생기면 길을 걸어가면서 생각하면 해결책이 빨리 나온다.

 물론 사람마다 다르겠지만 대부분이 그렇다는 것이다. 길 위에서는 방황하지 말고 항상 똑바르게 걸어가야 한다. 길 위에서는 모든 사람이 각자의 생각대로 움직이니 서로가 같은 생각을 하면 부딪치게 된다. 일방적이지 않다. 통행에 불편하면 복잡해진다. 길은 여러 방향으로 나 있으므로 선택의 여지가 많다. 복잡하게 살지 말고 편안하게 선택해야 한다. 우리는 주어진 환경에 익숙해져서 조금만 낯선 환경이나 앞이 잘 보이지 않는 길에서 벗어나면 당황하고 어려워할 것이다. 물론 스스로 극복해서 나가는 길이지만 의외로 어려워하고 힘들어하는 사람이 많다. 그런 사람들에게 약간의 도움 되는 말 한마디만 들어도 그들은 길을 걸어가는 데 도움이 될 때가 있을 것이다. 서로 공존하는 방법이다. 그것이 더불어 가는 길이다.

혼자서 가는 길보다는 함께 가는 길 언제나 의지가 되고 안정되어서 에너지가 덜 소비되어 지루하지 않게 걸어갈 수 있다. 세상에는 길 없는 길은 없다고 하지만 앞이 보이지 않는 길이 많다.

나중에 자신이 개척한 길을 바라볼 때 자신감은 배가 더해져 자존감이 상승할 것이다.

# 극과 극의 길

프로 선수든, 아마추어 선수든 운동선수가 있는 집에는 늘 마음 졸이면서 살아가는 부모가 있다는 사실을 알 것이다.

우리 집에도 둘째 형님께서 한때 씨름선수로 제법 많은 시합에 나가서 메달을 따온 적이 있었다. 어머니께서는 형님이 시합에 나가실 때 따라가 뒤에서 응원을 하곤 했다. 그때마다 어머니는 오금이 저려 찔끔찔끔 자신도 모르게 오줌을 지린다고 했다. 아들의 시합에 관중으로서가 아닌 마치 자신이 시합에 뛰는 사람처럼 힘이 들어가 보고 있는 내내 손에서 땀이 나고, 있는 힘을 다해서 아들에게 기를 보내듯이 당신 내면의 세계에서 기를 발산하여 응원했다. 일반 관중과는 보는 관점이 다르다.

운동경기에서는 1등 자리가 오직 한 명과 한 팀밖에 없다. 물론 꼴찌도 한 명과 한 팀이다. 극과 극의 상황이지만 최고의 경지에 도달하여 희열과 쾌감을 얻는 1등 자리와 꼴찌는 분명히 차이가 있다.

최고의 자리는 아무에게나 주어지지 않는 모양이다. 중간쯤에도 많은 선수가 있지만 왜 전부 1등만 하려고 할까, 도전의식과 가치의 대가를 바라기 때문일 것이다.

어떤 시합이든, 상대방과 겨루는 곳에는 오직 일인자만 기억하기 때문이라고도 한다. 즐기려고 하는 경기는 아마 추어들이나 하는 것이지 프로는 보수와 연결되어 있으므로 오직 상대방을 이기기 위해서 싸울 수밖에 없고, 또한 승자만이 최고의 대우를 받기 때문에 늘 강박관념에 잡혀서 자신을 관리한다고 한다. 치열한 생존경쟁에서 살아남는 자는 도전하고, 도전하는 것이 극에 달하면 어느 날 최고의 자리에서 영광의 축배를 들 수 있을 것이다. 최고가 되기 위한 길 참으로 험난하다.

최선을 다한 결과치에 대해서 분석하고 단점은 보완하고, 장점은 더욱 기량을 활성화해서 자신의 역량을 키워서 최고의 자리에 도전하는 것이다.

1등의 자리는 실력과 역량이 모두 뛰어난 사람이 차지하는 것이지 어떤 요행이나 상대방의 실수를 바라고 싸우지는 못한다. 그런 건 반칙이다. 정당한 실력자가 최고의 자리에 올라갈 때와 어떤 실수와 요행으로 최고의 자리에 설 때의 가치는 극과 극의 차이가 난다. 평가는 관중이 한다.

운동경기에서 극과 극의 갈림길이 가장 뚜렷하게 나타난다.

승부욕이 강한 사람들은 최고의 자리를 차지하기 위해서 강한 집착으로 오히려 역효과가 나서 경기에 패하는 경우도 있다.

개인 간의 경기는 뚜렷한 실력 차이가 구별되지만 축구, 야구, 배구, 농구 등등의 팀 플레이로 하는 경기에서는 잘되는 팀과 억지로 싸워서 이기려는 팀의 리더들은 선수들 개인 성향은 무시하고 더 주눅 들게 만들어서 위축되게 하는 예도 있다.

리더십이 뛰어난 감독이나 코치들은 선수 개인들의 역량을 최대한 활용해서 팀의 화합과 조화로 우승을 이끌어 가는 조력자 역할을 충분히 한다. 경기에 지더라도 다음 경기를 위해서 더 위로해주기도 한다.

극과 극은 동전의 양면과 같다.

동전의 양면이 서로 반대되는 것처럼 보이지만 본질에서는 똑같은 동전이다. 최고점과 최저점의 차이도 마찬가지다. 결국은 시작점이고 끝이 되는 것이다. 시작과 끝, 최고와 최저, 음과 양, 흑과 백, 생과 사 이런 단어들 모두는 극과 극의 이미지가 담겨 있다.

한 예를 들어, 음과 양이란 의미를 비교해 보자.

음은 달의 모습으로 밤, 정적이고, 비활동적인, 소극적, 부정적, 의기소침, 후진성, 과거 회상형의 이미지를 나타낸다.

양은 태양의 모습으로 낮, 활기참, 활동적이고, 적극적, 긍정적, 생동감, 추진력, 미래지향적인 이미지를 나타낸다.

음과 양은 극대 극이지만 잘 융합시켜서 조화만 잘 이룬다면 근육의 일부분처럼 수축, 이완시켜서 활기찬 삶을 찾을 것이다. 그러나 한쪽으로 너무 치우쳐 음의 생활만 또는 양의 생활만 고집한다면 근육의 마비가 와서 경련을 일으킬 수도 있다.

살아가면서 이런 극대 극의 롤러코스터 타는 듯한 순간들을 겪어보았지만, 맞이할 때마다 그 순간에서 빨리 모면하고 싶은 생각뿐이지 결코 오랫동안 즐기고 싶은 순간들은 아닌 것 같다. 찰나의 순간 잘못하면 나락으로 직행하는 길이다.

극단적인 선택도 극에 도달했기 때문에 선택하는 것처럼,

가급적 피하며 살아야 하는데 그렇지 못할 때는 극과 극에서 탈출하는 방법을 즐기든지, 중용의 길을 선택하든지 둘 중에 한 길을 찾아야 한다. 극과 극에서 희열을 느끼며 즐기고 싶다면 언젠가 벼랑 끝에서 선택해야 할 것이다.

극단적인 선택 앞에서는 누구나 최후를 예고한다. 하지만 그 최후를 자신의 혼을 사르고 마지막이라고는 생각하면 안 된다.

최선을 다해서 도전할 뿐이지 한 번밖에 살 수 없는 목숨과 바꾸면서 도전할 필요가 없다는 뜻이다.

모든 일에는 다시 도전할 기회가 있다. 오늘, 이번에, 꼭 이루어야 한다는 생각보다 무엇이든 주어진 조건에서 최선을 다해서 도전하고 실력을 발휘한 후에 나보다 더 잘하는 사람에게 밀리면 양보하고 더 실력을 갖추어 재도전하는 마음가짐을 가지면서 살아야 한다.

극과 극은 분명하다.

그러나 살아가면서 중용의 길도 가볼 만하다. 평소에는 중용으로 살기 힘들지만 편안한 마음으로 양극점으로 치우치지 않고 모든 것을 받아들이고 화합하면서 경쟁하지 않고 살아가는 세상이 멀리 오래간다는 진리를 터득하려면 자신을 내려놓는 습관을 갈려야 한다.

연습으로 길 가운데를 줄을 긋고 줄 따라가 보면 그 길만 있고 옆에는 낭떠러지라면 함부로 걸어가기 힘들 것이다. 땅에는 여유 있는 공간이 많으므로 편안하게 걸어갈 수 있듯이 극과 극의 길보다는 중간의 길을 걸어가면 여유가 많으므로 오히려 걸어가기가 훨씬 쉽게 느껴진다.

극과 극은 외길이지만 중용의 길은 다양한 길이 열려있다. 극단적인 선택보다는 여유롭게 평화로운 길을 선택하기 바란다.

한때 씨름하던 형님은 지금은 씨름과는 전혀 다른 일을 하고 계시는데 젊은 한때 운동선수로 다져져 있던 몸매는 온데간데없고, 이제는 이빨 빠진 호랑이가 되어서 세상을 관조하면서 삶을 즐기며 유유자적 홀로 여행 다니시는 폼이 제법 건달 같다.

# 골목길

'골목길 돌아설 때~ 내 가슴 뛰고 있었지~ 가슴 설레며~'
노랫말이다.

마치 무엇인가 숨겨져 있는 비밀스러운 통로 같은 곳, 대한민국 어느 동네에서나 쉽게 만날 수 있는 곳, 집과 집 사이에는 골목길이 있다. 구불구불한 비좁은 통로의 정취에서 흘러나오는 음식 냄새, 화장실 냄새, 벽에서 나는 곰팡내, 세상 어느 곳에서도 맡을 수 없는 특이한 냄새는 골목길의 트레이드 마크다.

골목길은 항상 가슴 설레는 곳이다.

골목과 골목 사이에서 누가 나타날지, 혹시나 누구와 마주칠 때 사랑하는 여인을 만날 수 있을까? 하는 기대감도, 원수 같은 인간의 얼굴이 떠오르는 순간, 그 원수를 마주칠 때의 난감함, 갑자기 나타나서 나를 놀라게 하는 사람, 낯선 사람과 부딪치는 순간 계면쩍게 서로 놀라서 피할 수밖에 없는 공간이다. 골목길만이 가지고 있는 특별한 현장이다.

골목길은 설렘과 무서움과 두려움뿐만 아니라 즐거움도 가져다준다.

특히 무더운 여름날에 골목길을 들어가 보면 골진 바람이 살랑 불어오고, 햇볕이 들어오지 않기 때문에 자연의 시원한 바람을 안겨 주기도 하고, 누군가 쫓아오면 잘 모르는 길이지만 골목길은 나를 감추어 주기도 하므로 유익할 수도 있다. 그러다 막다른 골목길에 마주친다면 한바탕 소동이 일어나기도 하는 골목길이다.

도시의 빌딩 사이에도 골목길은 많이 있다.

집과 집 사이의 골목길은 아주 단순하게 만들어져 있지만 10층 이상의 높은 빌딩과 빌딩 사이에는 반대로 아주 복잡하게 생긴 골목도 많다.

현대식 건축물로 만들어진 도심 빌딩 속의 골목길은 왠지 공간 속의 차가움과 메마름, 음기 서린 공간 같은 느낌을 주지만, 그런 골목길에서도 연인들이 가장 좋아하는 스킨십을 할 수도 있으며, 담배 피우는 청춘남녀들의 공간이기도 하며, 큰길을 피해 작은 공간을 이용해서 목적지까지 최대한 빨리 관통하는 비밀 통로로도 사용된다.

도심의 빌딩 사이 골목길은 인간의 마음을 은밀한 장소에서 누추한 마음을 살짝 내보이기도 하는 공간이라고 할 수 있어 또 다른 색다른 느낌을 준다.

아무 곳에서나 발설할 수 없는 비밀이야기를 할 수도 있는 음흉한 공간이기도 하다. 아무튼, 아이러니하게도 골목길이란 공간은 사람의 두뇌와 같이 단순 복잡계통의 비밀도로처럼 연결돼서 사람과 사람 사이를 연결해주는 미로 같은 길인 것은 확실하다.

10·29 이태원참사도 골목길에서 시작되었다고 한다.

외국 문물인 '핼러윈'이라는 미국의 놀이 문화가 한국에 와서 길거리 문화로 둔갑되면서 젊은이들이 너도나도 나와서 함께 즐기는 것까지는 좋은데 너무 무질서하게 즐기는 놀이문화를 가져다준 안타까움은 실로 말로 표현하기조차도 힘들게 만들어버렸다.

한국의 놀이문화는 예를 갖추고 있기 때문에 큰 사고가 일어나지 않는다. 한국의 고유 명절인 설날, 추석에 대한민국 국민 절반 이상이 차를 타고 움직이는데도 몇백 명이 도로에서 깔려 죽었다는 사고 소식은 없었다. 한국의 고유놀이 문화인 단오제, 삼월삼짇날, 정월대보름 같은 즐기는 놀이문화에서도 몇백 명이 깔려 죽는 사건은 없었다.

  골목길은 배려와 양보가 필요한 곳이다.

  작은 통로를 마치 혼자서만 걸어 다니는 길처럼 활보하고 다녀도 안 되고, 서로 부딪치면서 걸어도 싸움이 일어나는 곳이기 때문에 서로가 배려하는 마음으로 양보하는 미덕을 찾아볼 수 있는 곳이기 때문이다.

  좁은 골목길의 무질서에서 황당하게 당한 안타까운 사건이 벌써 몇 년이 흘러갔다. 다시는 그런 불행한 사건이 일어나지 않기 위해서는 좁은 골목길의 협소한 공간을 생각하여 무질서의 혼돈을 가져오지 않게 깊은 반성과 아름다운 골목길로 간직했으면 한다.

  옛날 조선시대 궁궐로 입궐하는 사대부 양반들의 행차 시 지나가는 평민들은 꿇어앉아서 대감의 가마 행차가 지나가길 기다렸다가 다시 제 갈 길을 가야만 했기에 가마 행차에 무릎 꿇고 기다리기 싫어서 피해 가는 피맛골 길은 일종의 굴욕적인 삶을 피하게 해주는 서민들의 골목길이었다.

  피맛골 골목길을 걸어가면서 조선시대 평민들의 삶처럼 즐비하게 늘어선 음식점에 들어가서 생선구이 한 마리에

막걸리 한 잔 기울여 본다.

  골목길에서만의 느끼는 맛과 취향은 나를 더욱 취하게 했다. 아름다운 세상, 골목길에서 즐기는 음식과 취향의 꿀맛과 행복감은 천만금으로도 즐길 수 없는 행복을 안겨준다.

  현재 내 주머니 속의 단돈 몇천 원으로 즐길 수 있다는 것에 행복이 더하여진다.

# 오솔길

　단순히 땅 위로만 걸어 다니는 길만 길이 아니다.
　많은 사람과 물건을 싣고 하늘 위를 날아다니는 비행기가 지나는 하늘길, 사람과 몇만 톤의 물건을 싣고 바다 위를 다니는 배는 바닷길이 있다. 두 길은 사람의 눈에는 보이지 않지만 분명한 길이 있어 그 길을 따라가야지만 무탈하게 목적지를 향해 나아 갈 수 있다. 그러지 않고 하늘이라고 마음대로 날아가다가는 앞에서 오는 비행기와 충돌하거나 기류를 잘못 타서 땅바닥으로 추락할 수도 있다.
　넓은 바다라고 마음대로 가다가는 산을 뒤집어 물속에 놓여있는 해협이나, 해류를 잘못 타서 섬에 부딪혀 좌초될 수도 있다.
　모두 다 걸어 다니는 땅이 아닌 위도와 경도란 선으로 연결된 길로 다니는 길이다.

요즘은 인공위성에서 이용한 자동항법시스템을 이용한 내비게이션으로 출발지에서부터 목적지까지 찍어만 주면 자동으로 길을 따라가게 되어 있어서 쉽게 찾아다닌다.

인간들은 상상 초월의 세계를 만들었다.

우주 공간에서도 인공위성이나 무인 우주선은 화성, 목성의 은하계를 스스로 찾아가도록 만들어 두었다. 인간의 두뇌는 더욱 발달하여 4차원의 공간 세계를 만들어 가상현실[Virtual Reality]에서까지 영생하는 홀로그램을 통해 지워지지 않는 가상세계를 만들어놓은 길이 있다.

메타버스Metaverse는 초월을 의미하는 메타Meta와 우주를 의미하는 유니버스Universe를 합성한 신조어로 실제 생활과 법적으로 인정한 활동인 직업, 금융, 학습 등이 연결된 세계를 뜻한다.

물리적 제약을 받지 않는다. 코로나 19 유행 이후 가상세계는 더 발전되었다.

앞으로도 인간은 시공간을 초월한 4차원의 세계를 향해 갈 것이다. 꿈속에서 유영하던 우주 공간을 현실의 세계로 이끌어나갈 것이다.

이 모든 것들은 복잡한 우주의 무한한 방향성을 제시하고 과거에서부터 미래 세계로 한 걸음 나아가서 추구하는 이상향의 세상을 구현하고 있다.

현실에서 실제로 우리가 걸어 다니는 길이 미래에는 과연 어떻게 바뀔지 아무도 모르지만 상상만 해도 즐겁다.

하늘과 바다뿐만 아니라 우주 공간을 마음껏 날아다닌다고 생각하면 앞으로 인간들의 몸집은 더 작아질 것이 분명하다.

인류가 처음 생길 때는 지금의 2배 더 큰 몸집으로 움직임도 2배고 야생에서 풀을 뜯어 먹고 동물을 사냥해서 생식하던 것을 불을 사용하여 화식을 하면서 위장과 몸집이 작아진 후로 계속 진화하여 지금의 크기가 되었다고 한다.

문명이 더 발달하고 진화되면 운동량과 음식이 줄어들면서 몸집의 크기도 반으로 줄어든다고 한다. 결국은 4차원의 세계로 가는 길 위에는 지금처럼 먹는 음식이 줄어든다는 뜻이다. 인간은 분명히 진화될 것이다.

현재의 인구 증가와 에너지, 연료, 음식물, 자연 파괴로는 더 이상 버티지 못하여 새로운 세상이 창출되면서 지금 현실의 가상세계가 실제 현실 세계로 구현될 것이다.

결국은 미래와 가상의 세계에는 오솔길이 나타나지 않을

것이다.

카르페디엠!

현실 세계에만 있는 길, 오솔길!

오솔길은 짧고 쓸모도 없는 길 같지만, 사람들이 다니지 않아서 그런지 자연의 정취가 그대로 느껴진다.

이 길은 미개발되어서 사람들이 다니지 않은 자연 그대로의 길로 남겨 두어야 한다. 자연적으로 만들어진 오솔길은 무심코 스쳐 지나온 역사 속의 숨겨진 비밀처럼 오래된 정취가 숨겨져 있다.

아름다운 멋을 간직하려면 그 자체에서 뿜어져 나오는 향이 있다. 그 향은 무미 무취하여 쉽게 맡을 수 없지만, 느낌만으로도 알 수 있다. 가공되지 않은 멋과 향은 순수한 자연의 선물이다. 그 가치는 직접 체험하고 느껴본 사람만이 알 수 있듯이 한적한 오솔길은 아픔과 슬픔, 희망과 행복함을 모두 다 가지고 있다.

인간의 오장육부에 속해있지 않으면서도 중요한 역할을 하는 오줌이 내려가는 요도가 있듯이, 자연이 내어주는 최대한의 배려로 좁고 길지도 않은 오솔길은 혼자서만 걷기에 딱 좋은 길이다.

인생 살아가면서 때로는 오솔길 같은 길을 만날 때도 있을 것이다

혼자서 방황할 때, 누구의 도움을 받을 수 없이 오직 자신만이 헤쳐나가야 하는 문제에 봉착해서 앞날이 어두울 때, 좁은 시야에서 홀로 이겨내는 시련은 마치 외로운 오솔길로 걸어가는 시간이었다고 생각하면 그 고통의 시간도 그리 길지 않을 것이다.

어느 순간에 고통과 슬픔이 찾아오거든 외로운 오솔길을 걸어가 보기를 권한다.

가늘고 짧은 오솔길을 지나서 넓은 대로가 나오면 그때 가슴속에 쌓인 인생 퇴적물의 찌꺼기를 훌훌 털어버리고 홀가분하게 나오면 된다.

세상의 모든 만물은 현재 내가 사는 시공간에 영원히 머물지 않는다.

인생길을 걸어가면서 다양한 체험을 하듯이 순간순간 맛과 향기를 느끼면서 즐기면서 여행하듯이 걸어간다.

어느 날 작은 숲에서 오솔길을 만나거든 그 맛을 느껴보라. 그저 역사의 한 장면처럼 지나쳐 나올 것이다.

오솔길은 인생길에서 가장 짙은 향기를 뿜어내어주는 아

름다운 길이다. 오직 혼자서만 간직하고 싶은 향기를 맡고 싶을 때 오솔길을 걷다 보면 스스로 느낄 수 있다.

자연의 정취에 취해보고, 향기도 느껴보고, 마음의 상처가 있으면 치유도 하며, 어느덧 맑아지는 머리와 건강해져 있는 육체가 활력이 되찾았다는 느낌으로 만족을 느낄 것이다.

도시에서는 산과 들이 어우러져 있는 외진 오솔길을 접하기가 쉽지 않겠지만 공원의 산책로를 따라 오르다 보면 가끔은 한적한 오솔길을 만날 수 있을 것이다.

시골의 오솔길과는 다르겠지만 조용한 숲속에서 나만의 정취를 느껴보는 그것도 활력소가 될 것이다.

길은 걸어가므로 사람에게 활력소를 불어 넣어 주는 원동력이 되어 주어서 생명을 부활하게 한다.

적당한 온도에 숲과 풀이 어우러져 조용하고 한적한 길, 타인의 간섭도 받지 않고 혼자만의 여유를 즐길 수 있는 오솔길을 걸어가면 그 자체만으로도 힐링이 된다.

이처럼 길도 극과 극의 차이를 다양하게 나타낸다.

걸어가면서 사색할 수 있는 시공간 속에 다양한 변화를 찾을 수 있는 길이 있다는 건 많은 생각을 마음속에서 덜어

내어 버릴 것은 버리고, 담을 것은 새롭게 담아서 또 다른 세계로 나가는 발판을 만들 수 있다는 뜻이다.

  오솔길이 바로 이런 현실에서만 만날 수 있는 길이기 때문이다.

# 초행길

　낙타가 출산할 때 새끼는 3층짜리 건물에서 떨어지는 고통을 느낀다. 그러고는 어미는 새끼를 사정없이 뒷발로 차버린다. 그리고 또다시 일어날 때까지 계속 차버린다. 다행히 일어서면 그때는 젖을 먹인다.
　세상 모든 생명체가 태어날 때 생물학적으로 잉태 시기가 끝나면 자동적으로 순서에 따라 그냥 밀려서 밖으로 빠져나오지만 별별 고난을 겪고 탄생한다.
　출산의 고통은 어미와 새끼가 똑같이 겪는다.
　TV 프로그램 〈동물의 세계〉에서 보면 아프리카 킬리만자로에서 서식하는 초식동물들은 태어나서 몇 시간 내로 걷지 못하면 죽기 때문에 어떻게든 일어나서 걸음부터 먼저 걸어야 한다. 그리고 젖을 찾아 먹어야만 살아남는다. 또다시 환경에 적응할 틈도 없이 어미와 리드 자의 보호 아래 새로운 목초지를 찾아 길을 떠난다. 이렇게 동물들은 탄생하자마자 바로 초행길이 시작된다.

동물들은 자궁에서 나오자마자 걸어 다닐 수 있도록 완전히 성장해서 나오지만, 인간은 자궁에서 머리가 빨리 성장하므로 너무 커지면 골반을 통과하기 힘들어 9개월쯤 되면 미성숙한 채로 밀려나와서 골반을 통과해야 하고 생후 9개월 동안 보살펴주어야 머리가 완전히 성숙한다.

문명이 발달되어 사람은 병원에서 최대한 편안하게 의학의 힘을 빌려서 출산의 고통도 줄이고 아이가 잘 탄생하도록 최선을 다한다. 물론 과거에는 지금 같은 의학의 힘은 상상도 못 했겠지만, 아무튼 사람들은 스스로 탯줄을 끊지 못하기 때문에 끊어 주어야 한다. 동물과는 차원이 다른 것은 사실이다.

아이가 성장할 때까지 대부분 부모는 육아를 최소한 몇 년을 할 것이다. 그러고도 아이가 완전히 성장하고 사회로 나갈 때까지 부모는 자녀를 돌볼 것이다. 이렇게 몇 년을 부모 밑에서 보살핌을 받고 살아간다. 바로 길을 떠나지도 않는다.

충분히 성장하면 홀로서기를 해야 한다. 그러기 위해서는 성장하는 과정에서 피나는 훈련도 받아야 하고 시련도 겪어서 어떠한 상황에서도 이겨낼 수 있도록 수련도 되어야 한다. 이런 모든 과정을 겪어야 사회에 적응하여 자신만의 삶을 개척할 수 있는 토대가 되는 것이다.

고난을 지고 가는 수행자처럼 혼자서 가는 길이지만 실수와 역경을 이겨내고 체험하면서 가는 초행길이다. 초행길은 경주마처럼 앞만 보고 달리는 것도 아니다.

옆길을 찾아가 보기도 하고, 여러 사람과 어울려 보기도 하고, 외톨이가 되어 보기도 하고, 온갖 만물들과 소통도 해 보고, 가다가 힘들면 잠시 쉬어가기도 하고, 그러면서 성장하고 진화되어 간다.

사회와 어우러지고, 개체 간에 소통하고, 융화될 때 다시 다양한 곳에서 첫길을 내딛어야 한다. 세상은 별별 다양한 모습을 구경시켜줄 것이다. 환경에 적응하는 자와 부적응자는 또다시 차이가 나게 되지만 한 사회의 구성원이 되어야 한다.

인생길에서는 그들 모두가 경쟁자이며, 서로 동반자이기에 함께 걸어가야 한다.

모든 인생길 시작은 초행길이다.

1차원의 세계인 선에서 시작해도 처음 가는 길은 미지의 세계로 도약하는 시작이며, 빛의 속도로 달리는 3차원의 세계, 시공간을 초월한 4차원 세계에서도 처음 시작하는 시점에서는 초행길이다.

　어떤 조건이든 초행길을 간다는 것은 마음가짐에서부터 비장한 정신력을 갖추고 있어야 한다. 그 정신력은 길이 끝나는 지점까지 잘 간직해야 한다.

　길을 가다가 중간에 정신력이 흐트러져서 해이해져 버리면 길 위에서 고난과 시련을 겪게 된다. 마음속에 돈독히 무장하여 해이해질 때마다 언제든지 꺼내어 거울에 비추어진 자신을 살펴보듯이 해야 한다.

　사람들은 생명의 존엄성을 안다면 가치와 소중함을 더욱 중요시할 것이다.

　그것으로부터 목적의식도 생기고, 자아 성찰이 생겨서 풍요로운 삶을 찾을 것이다.

　더불어 초행길이 풍요로워지면 즐거운 여행길이 될 것이다.

　이 세상에 태어나고 싶어서 태어난 생명체는 없을 것이다.

　죽음 또한 마찬가지이다. 죽기 위해서 살아가는 생명체는 없을 것이다.

　삶의 마지막 결정체는 죽음이겠지만 변화무쌍한 자연환경에서 탄생은 처음 길 위에서 시작의 알림이다.

　인간과 인간의 연결된 고리 속에서 끝이 보이지 않는 불확실한 먼 미래를 개척해 나가는 초행길 위에 서 있다고 생각된다.

　끝이 보이지 않는 절망 속에서 더 이상 헤쳐 나갈 길을 잃고 어둠 속에서 희망 찾는 것은 기억 저편에서 초심으로 돌아가는 길뿐이다. 초행길은 겸손과 의지와 꿈으로 가득 채워진 희망을 약속하고 첫발을 내딛는 최초의 발걸음이다.

　사람들이 무슨 일을 하다가 힘들거나 어려움이 닥치면 '초심을 잃지 말라.' '초심으로 돌아가 보아라.'라고 말한다. 시작할 때의 마음가짐을 생각해보란 뜻이다.

　초심은 잃어버리면 안 된다. 초심을 잃어버리면 거만해지고, 행동 또한 부자연스러워진다. 되돌아가기도 힘들다.

　초행길은 언제나 두려움과 공포가 존재한다.

　타인들 속에서 스스로 나약해지면 공격당할 수밖에 없는 조건에서 자신을 지켜 낼 수밖에 없다. 처음 가는 길 위에 방어능력이 떨어지면 순식간에 당할 수밖에 없으므로 항상 긴장하며 걸어가야 한다. 낯선 환경에 적응하기부터 쉽지 않기 때문이다.

나와 공통된 조건이 없는 배타적인 거리, 자신과 싸움에서 이겨낼 수 있는 면역력이 중요하다. 충분한 교육과 훈련을 받고도 살기가 어렵다고 난리들이다.

초행길은 마음가짐과 정신력이 중요하다. 어떤 마음가짐을 가지고 실행하는가와 어떤 역경과 시련이 닥쳐도 이겨내겠다는 정신력도 끝까지 유지하는 자세가 초행길에서부터 이루어지기 때문에 초행길을 더욱 강조해 보는 것이다.

# 배달민족

재수생 시절, 하라는 공부는 안 하고 오토바이를 타고 싶어서 중국집에서 일당 3만 원을 받으면서 한 달 동안 배달을 한 적이 있었다. 당시에는 아주 씩씩하게 활동하며 무서움을 몰랐던 철없는 시절이었다.

탕수육과 짬뽕 4개, 짜장면 3개를 철가방 2개로 오토바이에 싣고 골목을 돌아서는데 승용차와 부딪혀서 넘어졌다. 일주일 입원하고 나와서 그 뒤로는 오토바이 타고 배달하지 않았다. 오토바이 타고 배달하러 가는 길은 위험하다.

제아무리 오토바이를 잘 탄다고 자랑해도 사고라는 건 한순간에 일어나기 때문에 항상 조심해야 한다. 배달하시는 분들은 정말로 생명 수당을 따로 받아야 하는데 언감생심 그런 건 고사하고 하루 일당 채우기도 바쁘다고 한다.

배달은 생명을 담보로 생계를 유지하는 직업이다. 살기

위해서, 가정을 지탱하기 위한 최후의 선택이다.

반면에 돈을 지불하는 갑의 입장에서는 최대한의 과시와 우월감을 표출하면서 돈이라는 열쇠를 내어준다. 배달 기사는 그것을 받아오기 위해서 머리부터 발끝까지 연체동물의 연결고리가 끊어지지 않도록 줄기차게 꾸물거리며 힘껏 달려간다.

돈과 상품의 맞교환 후 다시 한번 머리끝에서 발끝으로 전해 내려오는 연체동물의 꾸물거림으로 인사를 하고 뒤돌아서 나온다. 배달임무 완수다.

10번, 20번을 더 해야 내 가족을 만족시킬 수 있는 양의 돈을 확보할 수 있다.

배달 기사의 서글픈 현실이다. 배달 기사들은 노력하는 만큼 벌어서 삶을 지탱한다. 누구의 도움도 받고 싶지 않은 것이다. 도움 주는 이의 배려와 고마움을 알겠지만, 그것으로 만족하지는 못하기 때문에 자존심만 후벼 파는 꼴이어서 도움이 귀찮기만 하다.

배달 기사의 하루가 고통만 있는 것만 아니다. 즐거움도 있다. 다들 사무실 또는 현장에서 열심히 일하고 있는 시간에 오토바이를 타고 달리는 스릴과 시원함만큼 즐거움도 있다.

 경찰관들의 단속을 피해서 골목 사이로 열심히 헤쳐가면서 스릴을 만끽한다. 배달 지점까지 정확하게 10분 이내에 도착하면 축구 경기를 하면서 골 1개 추가하는 기분이다.

 상품을 전달하는 내 마음이 더 즐거워진다. 열심히 달려온 내 모습이 멋져 보인다. 괜히 우쭐해져서 오토바이의 액셀 페달을 힘껏 밟고는 폼 나게 돌아온다.

 요즘은 배달 기사들이 너무 많아지고, 난폭하게 운전하면서 도로 위를 무법지대처럼 활주하는 배달 기사들이 많다 보니 사람들이 서서히 나쁜 시각으로 보기 시작했다. 그들을 '딸배'라고 배달이란 글자를 거꾸로 만들어 배달 기사를 질이 떨어지는 표현을 써서 말한다.

 정상적으로 교통법규를 준수하는 정상적인 배달을 요구하는 것이다.

 길 위에서 천한 행동까지 보이면서 자신들의 가치를 낮추어 보이게 할 필요도 없을뿐더러 한 번밖에 살지 못하는 소중한 인생인데 오토바이 타다가 잘못하여 목숨을 잃을 수도 있기 때문이다.

 배달 음식은 새로운 음식이 아닌, 편리하게 음식을 빨리 먹는 데에 목적이 있다. 어느 부부의 집으로 배달 갔을 때 예정된 시간보다 지연되어도 여기까지 배달해주시느라 고생했다.라고 말해주면 오히려 배달하러 온 사람이 미안해서 어찌할 줄 모를 때도 있다. 아이들이 많이 있는 집에서는 배달 음식이 늦으면 부모들이 성질을 많이 부린다. 도대체 언제 시켰는데 이제 오냐는 식으로 화를 내는 사람과, 심지어는 반품시킨다고 생떼를 내기도 하고 환불해 달라고 하는 사람들도 있지만, 그래도 내색하지 않고 아이들을 위해서 참고 드시는 분들도 있다.

인터넷에 떠도는 아버지와 아들의 이야기에 아버지와 아들이 점심 먹으려고 짜장면 두 그릇을 시켰는데, 마침 비가 많이 온 데다 배달하다가 약간의 접촉사고까지 나서 배달이 지연되었다. 배달기사는 배달시킨 집까지 들어가서 사정을 말하고 다시 음식을 갖다 드린다고 말하고 돌아서려는데 아버지가 음식이 그렇게 식지 않았으면 그냥 달라고 말했다. 그러고는 어디 다친 데는 없는지 물어보고 조심해서 다니라고 말하고는 자신들 때문에 교통사고 난 것에 미안하다고 말했다. 그때 그 배달 기사는 감동해서 그 자리에서 울었다고 한다. 아들은 아버지의 배려하는 마음을 보고는 많은 것을 느꼈다는 멋진 사연이었다.

배달 시간 지연과 잘못 배달온 음식을 보면 짜증이 나지만 배달하는 기사들에게까지 성질부릴 필요는 없다. 조급함에 화가 나지만 음식을 가져온 배달 기사에게 수고했다는 말 한마디가 열심히 사는 그들에게는 힘이 될 것이다.

서로가 조금씩 이해하면 배달 기사의 난폭한 운전은 안정될 것이다. 배달된 음식은 화내서 먹으면 맛이 없어지기 마련이므로 배달 기사 때문에 성질부리지 말고 맛있게 먹는 게 가장 좋다. 배달 기사는 배달 기사일 뿐이다. 배달되어온 음식이나 상품이 중요한 것이다.

배달민족과 배달은 뜻이 다르지만, 한글로 '배달'이라는 글자는 똑같다. 그래서 TV 광고에 멋진 모델이 나와서 '우리가 누굽니까, 배달민족 아닙니까' 하면서 상품을 최대한 빠르게 배송한다는 이미지로 광고하는 모습을 보고, 하필이면 배달민족의 배달을 왜 그쪽으로 취업시켜서 배달의 이미지를 더 아름답게 만들어 내는지 아무튼 아이러니한 의미를 보여주었다.

배달하시는 분들은 사명감이 있는 것 같다.

배달업에 종사하는 연령대를 보면 통계적으로 20, 30대의 젊은 청년들이 많은데 특히 요즘은 40, 50대의 중년층도 늘어나고 있다고 한다. 직업의 범위가 나이와 관계없이 넓어져 있지만 그래도 오랫동안 유지할 수 있는 직업은 아니므로 직업수명이 매우 짧다고 한다. 평생직업이 아닌 임시직이지만 위험하고 힘든 만큼 조심하고 자존심을 가지고 일해야 한다. 배달하러 오시는 분들께 따뜻한 말 한마디로 에너지를 불어넣어 주면 활력있는 사회가 되지 않을까 생각한다.

## 필기시험과 면접시험

학생 때 제일 하기 싫은 것 한 가지를 꼽으라고 한다면 가장 먼저 시험 치는 것을 들 수 있겠다. 시험만 없다면 공부도 즐겁고, 학교에도 열심히 다닐 것 같고, 모든 일에 솔선수범하는 모범생으로 최고의 우수한 학생이 되어 부모님께도 자랑스러운 학생이 될 텐데, 이 시험 성적이 나를 추락시켜 점점 무능한 학생으로 위축되게 만들어 놓았다.

시험은 왜 있는 걸까? 시험examination, exam, test, quiz, 재능이나 실력 따위를 일정한 절차에 따라 검사하고 평가하는 것. 인터넷으로 시험이란 단어를 검색한 결과 다양한 정보들이 올라와 있는데 그중에 아주 자세히 개요부터 시작해서 관련 문서까지 상세히도 적어 놓은 것 중에 시험의 본질이 무엇인지에 대해 자료를 바탕으로 기술해 보면 가장 먼저 '인간 발전을 위한 도구'라고 적혀있었다. 시험이 무슨 인간 발전을 위한 도구인지 아무리 따져봐도 아닌 것 같다. 그러고는 교육과정의 일부, 교육정책의 도구, 사회 평등화의 장치, 불평등 재생산 장치, 규율화 장치 등등 많이도 나열하였으며, 마지막으로 재밌는 글은 '인간은 끝없이 죽을 때까지 시험을 친다.'라고 적혀있었다.

천당, 지옥 갈 때도 시험을 쳐서 간다면 무슨 과목을 시험을 치는지 미리 공부나 해두어야 될 것 같은데 아직 거기까지는 아무도 모르고 있는 것 같다.

빨리 어른이 되어 시험 치지 않는 삶을 살아 봤으면 하는 소원도 한순간에 무너지게 만드는 것은 잠시였다. 어른이 되기도 전에 가장 먼저 쳐야 할 시험은 운전면허증부터 시작하여 국가 자격시험과 군대에서 가서도 기술학교에서는 시험을 쳤다.

시험은 피할 수 없는 인생 과제인 것이 맞는 것 같다.

차라리 학생 때 시험 치는 연습을 많이 해놓는 것도 오히려 어른이 되면 도움이 될 것 같다.

학생 때는 공부한 것의 평가와 학습능력의 향상력, 순위의 차별력으로 구별하는 도구로 사용된다. 어른이 되어서도 일에 대한 능력 평가와 인사고과 기준점을 정하기 위한 측정을 시험으로 구분하는 요소로 시험이란 것은 중요한 평가방법이 된다.

그렇게 해서 그 사람의 능력을 시험을 통해서 구분한다.

시험에 대한 스트레스는 이 세상에 태어나서 누구나 한 번은 경험하지 않고는 살지 못한다. 시험이란 평가 대상의 범위를 정해 놓고 그 대상을 언어로 능력을 평가하는 단순한 것이지만 엄청난 차이를 남긴다. 시험을 통해서 인생이 바뀔 수가 있다.

머리가 아무리 좋아도 시험을 못 치거나, 그 분야를 깊이 공부를 못 해서 시험에 탈락할 때 그 사람의 평가는 추락한다. 시험의 한계성은 무궁하게 많지만 그래도 현실에서는 가장 객관적인 평가방법은 시험뿐이라 우리는 시험이란 단어 앞에서 굴복당할 수밖에 없다.

시험 운이 없는 사람도 있다. 시험 보러 가는 날마다 늘 운이 나빠서 떨어지는 경우가 간혹 생긴다. 그래서 시험 치러 가는 날에는 미역국을 삼가고, 찰밥을 먹고, 세수, 수염도 깎지 않는 사람도 있고, 속옷도 안 갈아입고 입던 옷을 그대로 입고 아침 일찍 나간다. 일종의 미신이라지만 자신만의 의지를 그대로 유지하기 위한 일종의 마음가짐일 수도 있다.

자승자박, 자업자득이라고 자신이 한 행동에 결과를 말하는 뿌린 대로 거둔다는 뜻도 있는데, 행운이 따르기를 바라는 마음은 누구나 똑같을 것이다.

자신이 공부한 모든 지식과 역량을 최대한 발휘하여 최선을 다해서 시험에 임하라는 뜻이다. 그런다고 모르는 문제가 나와도 잘 푸는 것도 아니지만 마음가짐만큼은 최고의 상태를 유지하여 문제 푸는 데 도움이 되어 나중에 좋은 결과를 얻게 된다.

시험은 필요악이다. 오직 시험 한 가지로 사람을 평가해 버리면 안 된다.

공무원 시험 몇 번 떨어져서 포기하고 개인사업해서 성공하는 사람, 기업체 시험 떨어져서 젊을 때 일찍 음식점 해서 대박 나는 사람, 대기업체 떨어져서 중소기업체에서 열심히 배워서 나중에 자기사업해서 성공하는 사람들을 보면 오히려 시험에 떨어져서 새로운 것을 개발하여 자기 것으로 만들어 가는 사람들도 많다.

그런 것은 새로운 길을 선택하여 나름 알차게 살아온 사람들이다. 꼭 그 시험에 합격해서 잘 되는 보장은 없다. 선택한 것에 최선을 다하면서 산다는 것이 중요하다.

필기시험은 그렇다 치지만 면접시험은 시험 같지 않은 시험, 면접시험은 쉽게 느껴지면서도 어렵고, 끝나고 나면 무엇인가 답을 완벽하게 하지 못한 뒤끝이 찝찝하여 기분이 상쾌하지 않은 시험인 것 같다.

필기시험과 면접시험 두 가지를 다 보는 시험에서는 면접시험의 점수는 큰 비중을 차지하시 않지만, 면섭시험만 보는 시험에서는 면접비중이 백 퍼센트를 차지하기 때문에 매우 중요할 수도 있는 시험이다. 육체적인 퍼포먼스를 하는 무용이나 공연 예술에서는 면접시험이 중요한 기준이 되겠지만 회사나, 공무원 시험에까지 면접시험이 그렇게 필요하지 않은 것 같지만 시험은 시험이라 많이 긴장한다.

가슴 가득 부푼 희망을 안고 멋이란 멋을 잔뜩 부리고 표정과 말로써 나의 모든 것을 내뿜어야 한다. 긴장해도 내가 긴장하지 면접관은 긴장하지도 않는다. 면접관이 내뱉는 말의 요지가 무엇인지 빨리 간파하여 최대한 근접하도록 대답해야만 된다.

중요한 말과 간결하게 정답 없는 답을 말로써 나타내는

창의력, 성실함, 책임감, 신뢰성, 대응력, 등등을 재치 있게 말해야 한다. 현장에서 모두 맞는 것은 아닌데도 면접관들은 10분 내외의 순간으로 평가해 버린다. 무슨 관상 보는 것도 아닌데도 짧은 시간에 내 모든 가치관을 평가할 수는 없지 않겠냐는 것이다.

그리고 나중에 면접을 잘 봤다느니, 면접할 때의 사실과 다르다고 평가할 때도 있다. 시험 같지 않은 시험, 면접시험은 불공평한 것이 많은 것 같다. 질문도 웃기지도 않는다!

'당신은 왜 이 회사에 지원했습니까?'

회사에 지원하게 된 동기를 왜 물어볼까?

돈 벌기 위한 궁극적인 목적을 왜 굳이 사람의 마음을 간보려는 하는지 웃지 못할 질문에 미사여구를 붙여서 대답해야 하는 언변술과 위장법을 테스트하는 느낌에 역겨움마저 든다. 사람을 판단할 때 편견과 선입견으로 보면 안 된다.

중국 고전에 보면 사람을 평가하는 기준덕목으로 '신信, 언言, 서書, 판判'이 네 가지 덕목을 갖춘 사람을 찾는 기준을 면접으로 뽑는 것이 있다.

자신의 끼를 최대한 발산할 수 있는 장을 만들어 주고, 그 사람의 가진 역량을 최대한으로 발휘할 수 있도록 효율성을 높여주어야 한다. 면접시험 보는 방식도 바뀌어야 한다. 몇 분 만에 그 사람의 됨됨을 살펴보는 방식은 관상 잘 보는 역술가에게 가서 보라고, 한때 어느 대기업체에서는 면접장에는 진짜 관상쟁이를 옆에 앉혀놓고 면접한 곳도 있었다.

그 사람의 능력을 발산할 수 있는 장을 만들어줘야 할 현실 앞에서 관상쟁이 모셔다 놓고 얼굴 보고 뽑는 일류기업체의 작태가 아쉽다.

세상에는 여러 가지 개성을 가진 사람이 많다. 그 개성에 따라 필요한 사업장에 그 사람이 응시하는 것으로 만들어 주어야 한다.

심덕승명心德勝命이라고, 마음에 덕을 쌓으면 운명도 바꿀 수 있다고, 덕을 베풀면 행운과 복, 운이 찾아온다고 한다. 마음이 착하면 얼굴에 자연히 나타난다고 한다. 아마도 면접시험 볼 때 큰 도움이 될 것 같다.

시험은 단지 평가일 뿐, 인생길에 모든 걸 내건 전부는 아니다. 시험에 목숨까지 걸 필요는 없지만, 최선을 다해야 한다.

영어로는 Temptation[시험]이라고 성경에서 말하는 유혹의 의미를 가진 악행을 유도하는 단어가 있다. 영적 능력과

선을 가져다주는 시험[test]과 정반대의 것이다.

  시험[test]은 절체절명의 모든 것은 아니므로 결과에 대하여 겸허하게 받아들이고 새로운 길을 찾는 것도 중요한 것 같다. 시험은 단지 평가일 뿐 인생길에 모든 걸 내걸 전부는 아니다.

  "Temptation에 빠져들게 하지 마옵소서." 빌어본다.

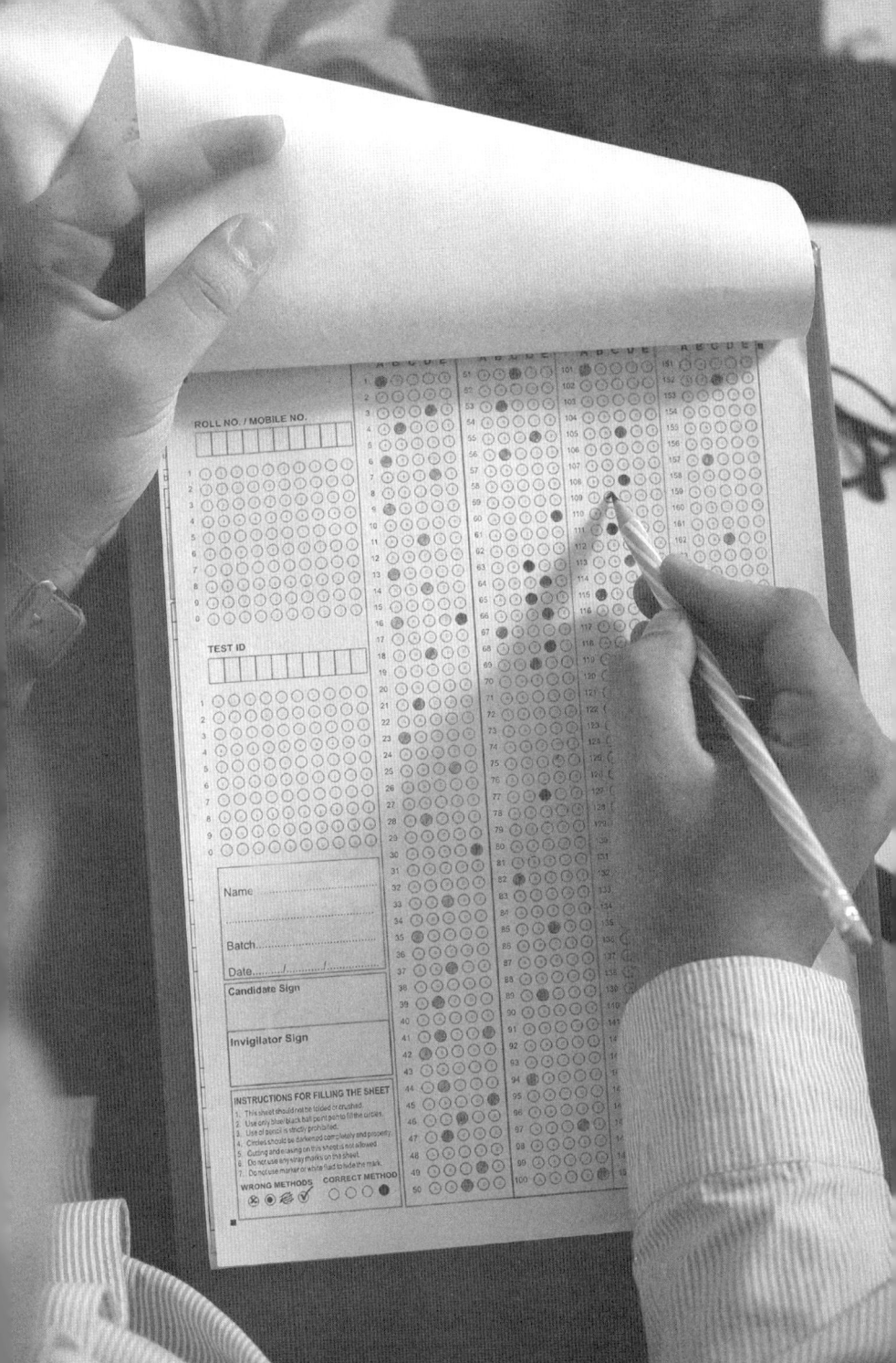

# 힘든 길

고등학교 동창 중에 프랑스로 가서 정착해 사는 친구가 있다. 한국에서 처음 프랑스로 갈 때 공부를 잘해서 유학 간 것도 아니고 프랑스어를 잘해서 사업을 하러 간 것도 아니고 무작정 프랑스로 건너가서 어떻게든 살아보겠다고 몇 푼 되지도 않는 자금을 가지고 무작정 프랑스로 떠났던 친구이다.

10년 후 연락이 와서 만났는데 프랑스에서 조그마한 식당과 문구점을 운영한다고 했다. 어떻게 프랑스어도 할 줄 몰랐던 친구가 프랑스말을 유창하게 구사하고 개인 사업장을 가지고 생활하는지 참으로 신기했다.

친구가 식당과 문구점을 운영한다는 것도 놀라운 일이었지만 프랑스 말을 거침없이 한다는 것에 더 놀랐다. 마치 한국말을 하나도 못하는 동남아 사람이 한국에 와서 유창한 한국말을 하듯이 현지에 오면 대부분 사람이 현지어를 쉽게 할 줄 아는 줄 알지만 나는 아무리 노력해도 영어도 제대로 할 줄 모르고 산다.

그 친구를 보면 금석위개金石爲開란 말이 생각난다.

모든 것이 극한 상황이 오면 살아가기 위해서는 무엇이든 해야하기 때문에 어떻게 해서라도 배우고 터득한다지만, 아무리 노력해도 안 되는 것도 있다. 그럴 때는 포기하는 수밖에는 없지만, 끝까지 해보겠다는 의지가 약하지 않았을까 하는 생각이 들기도 한다. 살아가는 데는 인내와 자신감, 책임감이 중요한 것 같다.

자신이 선택한 최후의 수단은 생존과 직결되어 있다면 어떻게 하든지 극복해내겠지만, 그렇지 않고 스스로 힘들고 어려워서 헤쳐나가지 못하여 포기하고 다른 길로 간다면 또 다른 선택한 길에서도 힘들 것은 뻔한 이치다.

힘들지만 어떻게든 스스로 극복해나가는 방향으로 헤쳐나가는 것이 현명한 선택일 것이다. 선택한 길을 가다가 잘못된 것을 알고는 수정해서 다시 돌아올 때는 빨리 수정해야지 후회하지 않는다.

아주 멀리 갔다가 되돌아올 때는 손실이 커서 차감되는

시간과 자본의 손실보상을 위해서 두 배로 더 열심히 투자해야 하므로 잘 판단해야 한다.

인생길에는 처음부터 자신 있게 걸어가는 모습과 자신감 없이 힘들게 걸어가는 모습은 비교가 많이 된다. 물론 자신 있게 걸어간다고 모두 다 성공하는 길은 아니지만 그래도 씩씩한 모습은 어딘가에 믿음이 간다.

자신 없이 남들이 가니깐 따라가는 사람들의 모습에는 불안하고 의지가 약해 보여서 용기가 없는 사람처럼 믿음이 가지 않아서 불안하다.

가다가 다시 돌아올망정 처음 출발은 씩씩하게 저돌적으로 용감하게 뛰어가는 모습이 좋다.

길은 자신이 원하면 언제든지 되돌릴 수도 있다. 회전반경이 넓은 곳은 마음껏 돌릴 수도 있으나 끝까지 최선을 다해서 달려 보는 것도 나쁘지는 않을 것이다.

남자와 여자의 공격 성향은 다르지만, 인간 심리는 비슷하게 작용한다.

어떤 일에서든 끈기와 노력으로 결과물을 얻을 때까지 매달려보는 것도 마지막 결승점에서는 수확물이 배로 늘어난다. 따라오는 시너지 효과도 많을 것이고 또 다른 다양한 길이 보일 수 있다.

  한 가지만 생각하고 가지만 결승점에서는 다른 분야의 여러 가지 갈림길이 보이는 것이 승자의 여유다. 중간에 돌아가서 다시 다른 길을 찾을 때는 또 다른 길이 보여서 늘 길에서 방황할 것이다. 결국에는 한 우물 파는 것이 아니고 한 우물에서 여러 갈래의 길을 찾는 것이 유리하다.

  높은 산에서 밑을 보는 것과 중간에서 보는 것과 길이 안 보이는 밑에서 길을 찾는 것은 시각의 높이에 따라서 달리 보인다. 시야가 더 넓어져서 세상을 더 넓게 바라볼 수 있다. 우리는 자신감을 가지고 항상 자신 있게 살아야 한다.

  자신감을 상실해버리면 살아가는 게 무척 힘들다. 도와주는 것도 한계점이 있다.

  어떤 일이든 무한히 도움을 청할 수도 없다. 어떤 일에서든 고비가 있다. 그런 한계성을 극복해나갈 수 있는 것도 자신감이다.

  마부위침磨斧爲針이라고 처음부터 '할 수 있을까?'란 의문보다는 '할 수 있다'란 자신감을 갖고 임해야 한다. 한 번도 해보지 않은 것은 모든 사람이 똑같은 조건이다.

  '한 번도 해보지 않았기에 더 잘할 수도 있다는 생각과,

한 번도 해보지 않았기 때문에 어렵다'와는 다르다. 자신감을 가지고 도전해야 한다. 그런다고 무모한 도전은 자만심과 허영심이므로 금물이다.

머릿속에서는 언제든지 그 일 하나만 생각해야 한다. 파고들어야 한다.

배울 때는 철저하게 배우고 자신이 실행할 때는 완전히 자기 것으로 만들어 놓을 때까지는 시행착오도 겪으면서 한 몸이 되어 움직여야 내 것이 되어 움직임이 유연해지게 된다.

TV에서 〈생활의 달인〉이란 프로그램을 보면 지게차 운전하면서 콜라병 뚜껑 따고 달걀을 쌓고, 못까지 구멍 속으로 넣는 모습을 보고 놀란 적이 있다. 물론 모든 사람이 그렇게 하지 못하겠지만 그 사람은 얼마나 많은 노력을 했을까 하는 생각이 든다.

그런 사람들이 많으면 사회는 손실비용이 들겠지만 한 가지 분명한 것은 남들보다는 몇 배로 노력한 결실이기도 하다. 그럼으로써 그 사람은 기술이 더 정교해지고 다른 사람들보다는 일의 평가수준이 높아졌을 것이다. 그렇지만 그렇지 못한 대다수의 일반 사람들이 그렇다고 실패한 삶이

냐? 그렇지 않다.

인생길에는 샛길도 많다고 했다.

다른 것에도 더 정밀하고 뛰어나 소질이 많다는 것도 인정해야 한다.

무엇보다 자신감을 가지고 살아야 힘이 덜 든다. 하지만 자만하지 않아야 한다.

사람들은 어느 단계에 올라가면 거기서 멈추어 버린다. 꾸준한 노력과 성실이 필요하다. 최고의 자리에 있을 때 더 위험하다. 언제 도전자와 침입자가 나타날지 모른다. 자기관리를 항상 해둘 필요가 있다. 탑을 쌓기는 어렵지만 무너지는 것은 한순간이다. 최고의 자리에 있을 때는 내려놓고 평범하게 살거나 다음 사람들을 위해서 물려주거나 다른 기술을 익히거나 자기관리로 새로운 모습으로 다시 시작해야 한다.

세상에 힘들지 않은 길은 하나도 없다.

미불유초선극유종靡不有初鮮克有終이라고 한 번 목표를 세우면 끝까지 마무리하여야 한다. 아무리 힘들더라도 극복하려는 강인한 마음가짐으로 헤쳐나가야 한다.

누구도 원하지 않는 길, 가다가도 피하고 싶은 길, 그런 일을 한 번쯤 겪어보지 않고 살아온 사람은 없듯이 꼭 한 번은 스쳐 지나가야만 한다. 모든 사람이 한 번은 겪었을 것이다. 개개인이 열병처럼 앓고 이겨내듯이 각자가 느끼는 힘든 길은 고통과 좌절을 체험할 것이다.

힘든 길은 아픔이다.

젊어서나, 늙어서나 시시때때로 나타나는 힘든 길은 피해 가거나 아니면 이겨내어야만 극복할 수 있다. 피해 갈 수 있겠지만 피할 수 없을 때가 더 많을 것이다. 그럴 때는 싸우거나 처절하게 맞서 이겨내지 못하면 고통을 감수하고 걸어가야 한다.

한편으로는 성장하는 과정에서 겪어내는 숙제라고 생각할 때도 있고, 때로는 튼튼한 면역력을 키우기 위한 예방접종이라고 생각할 수도 있지만, 힘든 길이 길어지면 상처 또한 크게 날 수 있기 때문에 힘든 길은 빨리 헤쳐나오는 것이 좋다.

아픔은 아픔일 뿐 좋은 것은 아니다.

고통뿐만 아니라 흔적은 아주 오랫동안 지워지지 않는다. 육체에 남아 있는 흔적보다 보이지 않는 마음의 상처는 더더욱 오랫동안 머무를 것이다.

길을 걸어가면서 당하는 모든 힘든 길이 나쁜 것만은 아니다.

작은 시련이지만 가볍게 지나칠 수도 있고, 헤쳐나가기 힘든 경우도 생길 것이다. 지혜롭게 헤쳐갈 수 없을 때는 즐기면서 헤쳐나가면 된다.

그것도 못 하면 가만히 시간 속에서 묻혀서 조용히 빠져나오는 것도 방법이다. 어떤 방법이든 힘든 길에서는 스스로 빠져나오는 방법도 터득해야만 한다.

나중에 말년에 경험담을 미화하여 후배들에게 교훈으로 지침서가 될 수 있도록 가르쳐 주면 된다.

힘든 길에서 좌절하면 안 된다.

그것은 수렁 속으로 더 깊이 빠지는 결과를 초래할 수 있기 때문이다. 스스로 헤쳐나가지 못하면 낙오자가 된다. 독불장군처럼 이겨내려고 하지 말고 도움을 청해야 한다. 함께 걸어가면서 조그마한 조언이지만 나에게 큰 힘이 될 수도 있다. 정보공유 차원에서 그 조언은 누구나 쉽게 가르쳐 줄 수 있기 때문이다.

말 한마디를 그냥 흘려보내지 말고 나중에는 그렇게 말해 줄 사람도 없으면 정말로 힘들 것이다. 그래서 '있을 때 잘

해!'라는 말처럼 '좋은 정보 말해줄 때 잘 들어야' 한다.

  내 것으로 만들어서 실천에서 적용해 활용하면 된다. 어렵게 생각할 필요가 없다. 화이부동和而不同으로 서로 전제 조건이 되는 것이고, 상부상조하는 것이다.

  작은 말 한마디가 때로는 천당과 지옥문을 가르는 열쇠가 될 수도 있다.

  인생길은 외롭지 않다. 비록 혼자서 뚜벅뚜벅 걸어가는 길이지만 나만이 걸어가는 길이 아니라 많은 사람이 함께 걸어가는 길이라고 생각하면 외롭지도, 힘들지도 않다.

  행복한 길이든, 즐거운 길이든, 힘든 길이든 자신이 가는 것이지 타인을 위해서 가는 길이 아니므로 스스로 즐기면서 가면 된다.

  힘들면 잠시 쉬면서 하늘 한 번 쳐다보고 자연과도 동행하면 스스로 자연에 동화되어 좋다. 인생길을 걷다 보면 조금씩 자극을 주는 요소들이 많이 나타난다. 그때마다 피하지 말고 부딪쳐서 극복하는 습관이 필요하다.

  아픔을 이기지 못하는 나약한 체력은 도태될 수밖에 없다. 극복하고 헤쳐나오면 순기능으로 활성화되어서 진취적인 성취감으로 변화되어 두려움이 없어져서 무슨 일이든지 자신감 있게 긍정적으로 만들어질 것이다.

역동적인 에너지가 쏟아져 나오는 것은 무엇인가 극복하고 나온 후에 나타난다.

그러면 순리대로 이루어진다. 인내의 열매가 멋지게 이루어지는 모습은 스스로 느낄 것이다.

옛 선인들이 자신을 이기는 법을 가르치는 방법으로 먼저 힘든 일을 시키는 것이다. 인내하면서 극복하는 모습을 보기 위한 것이다.

비바람을 맞고 떨어지지 않는 과일만이 달고 크게 자라듯이 사람도 시련과 고통을 극복해 나가는 과정을 중요시하기 때문이다.

세상 살아가는데 혼자 죽으라는 법 없다. 스스로 외톨이가 되기 때문이다.

절대로 그런 행동을 보이지 말고, 더불어 살아가는 방법을 터득하는 것이 중요하다. 어떤 일이든지 공유하고 즐기며 상대방도 동참하도록 이끌어줄 줄 알아야 한다.

힘들어도 스스로 동참할 때까지 기다려 주는 아름다운 미덕을 갖춘 사람들은 화내지 않고 받아줄 것이다. 그것이 공동체 문화이다.

포용력이 없어도 상대방이 스스로 다가와서 교정하고 이기적이고 배타적인 마음을 버리고 타협하며, 적극적인 사람들은 머리를 숙이고 자신을 낮추어서 겸손해진다.

모든 사람이 다 내 마음 같지 않기 때문에 함께 동참하지 못하는 사람들에게는 분명한 자세를 지적해 주어야 한다.

그들은 함께하는 방법을 몰라서 그럴 수 있다. 그래서 선생님과 지도자가 필요하다. 묵묵히 가르쳐주고 따라서 오도록 조금만 도와준다면 의식적으로 공동체의 필요성을 느낄 것이다.

혼자서 가는 길은 힘들지만 여러 명이 모이면 즐겁게 갈 수 있다. 외롭게 혼자서 가면 힘들다. 때로는 혼자서 갈 수밖에 없는 길도 있지만 모여서 가면 힘과 지혜를 분산시켜서 가볍게 갈 수도 있다.

힘든 길은 수없이 나타나지만 슬기롭게 헤쳐가는 방법이 가장 좋다.

자신이 앞으로 헤쳐나가면서 부딪히는 수많은 실수와 역경을 이겨내는 길은 힘든 길이다. 끝까지 가려면 즐기면서 가야 한다.

## 면회 가는 길

 어느 특정한 장소에 갇혀 사회와 단절되어 구속받고 있는 사람들에게 있어서 면회는 정말로 반가운 소식이다.
 사람도 그립지만 직접 찾아와서 사회 소식이나 주변의 소소한 소식을 전해 듣고 나름대로 추측하고, 회상하는 느낌만으로도 마치 자신이 그곳에서 체험하는 것 같다.
 군대에 있을 때 처음 부모님께서 면회왔을 때의 일이다. 지금은 교통수단이 좋아져서 승용차로 하루 만에 대한민국 어느 곳에나 쉽게 이동할 수 있지만, 당시에는 울산에서 파주시 적성면까지 오려면 약 12시간 정도 걸려서 하룻밤을 여관에서 주무시고 다음 날 면회가 이루어졌다.
 처음 이등병 때 머리는 빡빡 깎고 얼굴 새까만 게 두 눈만 둥글게 뜨고 있었다.
 살점이라곤 하나 없이 삐쩍 말라서 자기 아들인 줄도 모르고 가만히 바라만 보고 있었다. 거수경례로 '단결'하고 '어머니'하고 가슴에 안기니까 어머니께서는 놀라셨는지 멍하게 쳐다만 보시다가 가슴의 이름표를 보고서 그때야 자기 아들을 알아보고는 눈시울을 적셨다.

아직 이등병이고 군부대 밖으로 나갈 수 없어서 면회실에서 2시간 있다가 떡이랑, 김밥을 가지고 내무반으로 간 기억이 남는다.

물론 가족 이야기와 집안 대소사 등 여러 가지 이야기를 나누었지만 무슨 말을 했는지도 모르게 시간이 지나가서 면회는 끝나고 돌아가시는 부모님의 뒷모습만 여전히 여운으로 남았다. 정신없는 면회였다.


어쩌다가 교통사고를 당하신 분 중에는 골절환자가 되어서 병원에 장기간 입원하게 되었다. 가족이 입원해 있으면 자주 가지만, 친구나 지인이 입원해 있는 경우는 꼭 한 번은 가는데 병원에서의 문병차 면회는 서먹하기만 하고 별로 할 말도 없을뿐더러 얼굴 맞대고 오래 있기도 그렇고, 10분의 시간도 매우 지루할 경우가 많아서 대충 인사만 하고 돌아 나오는 경우가 있었다. 이럴 때는 많은 대화보다는 얼굴

한번 비쳐서 겉치레 인사 같은 느낌이라 마음속이 편치 않고 발걸음도 무거웠다.

이런 면회는 안 갈 수도 없고, 피할 수도 없는 상황이라 공치사한 것만 같아서 매우 불편하다.

아무리 환자를 위해서 좋은 말을 많이 해도 회복되는 것은 육체가 정상으로 돌아와야 활동할 수 있으므로 정신적으로 남의 말을 받아들이는 마음의 여유가 없어서인지 상대방 말을 귀담아듣지 않는 것 같았다.

병원에서는 대화를 많이 하지 않는 것이 도움이 될 때가 있다.

병원 문병차 면회는 빠른 회복을 바라는 뜻으로 많은 기도를 해드린다는 따뜻한 마음만 전하고 오면 될 것 같다. 그리고 환자가 없는 곳으로 나가서 간병하고 있는 가족분들과 이야기하면 가족분들께 위로를 전하고 힘을 내시라고 많은 위로의 말을 해드리면 가족들이 환자에게 면회 오신 분의 마음을 전달해주는 편이 좋을 것 같다.

피치 못할 사정으로 교도소에 면회 가 본 적이 있다.

교도소에는 별별 사건, 사고로 사회와 격리되어 죄에 대한 대가로 반성하고 교화되어서 다시 사회로 환원되도록 수용된 곳이다.

인격이 축소되어 육체적인 고통으로 지은 죄를 반성하는 것도 좋지만 교도소도 사람이 사는 곳이라 마음대로 행동하던 육체를 억압시켜 놓으면 정신적인 고통도 같이 따르기에 고통은 이루 말할 수 없을 것이다. 그런 죄수에게 10분의 면회 시간은 달콤할 뿐 아니라 자유를 만끽할 수 있어 좋다. 그런데 막상 면회 간 교도소 밖의 사람은 10분의 시간 동안 무슨 말을 해야 할지 막막하기만 했다.

교도소 안에 있는 사람과의 대화 내용은 대부분 법정소송에 대한 판결에 두고 있으므로 변호사와 피해자와 합의에 관한 이야기였다. 사회가 어떻게 돌아가고 가족이 어떻고, 누가 어떤 일이 있었는지에는 관심 없었다.

장기수들은 면회를 아주 여유 있게 한다고 했다. 그들은 정말 가족들의 안부를 묻고, 주변의 일들을 물어보고 자신도 그런 일들을 해보고 싶어 하고 추억에 젖어 회상도 하지만 그렇게 하지 못하는 자신을 많이 반성하고 죄의 뉘우침으로 속죄한다고 말한다. 역시 교도소에서도 복역 기간에 따라서 면회의 즐거움도 받아들이는 정도가 달랐다.

세상에 태어나서 면회를 가지 않아야 할 곳이 교도소이다. 그곳으로 들어간 사람은 더 고통스럽겠지만 면회 가는 상대방의 입장도 마음 편치 않은 곳이다.

면회는 따뜻한 면회와 불편한 면회, 두 가지인 것 같다.

멀리 떨어져서 누구를 위해서 희생하고, 고생하는 사람에게 면회 갔을 때는 어떤 이야기를 해도 감사하게 듣지만, 어쩔 수 없이 끌려가거나 고립된 곳에서는 수용자처럼 지내는 곳에 있는 사람에게 면회 갔을 때는 말보다는 격려를 해줄 수밖에 없기에 대화에 차이가 크게 난다.

어떤 면회든, 누구를 위한 것이든 면회는 그렇게 쉬운 길은 아닌 것 같다. 면회 가기 전에 마음의 준비뿐만 아니라 여러 가지 정보들을 수집하고, 면회자의 마음도 이해해야 하고, 무엇이 꼭 필요한지, 어떤 선물이 필요한지 참으로 많은 준비를 해야 한다. 그렇게 힘들게 면회하러 갔을 때 상대방의 반응에 따라서 면회 간 사람의 마음은 달라진다. 좋은 일이든 나쁜 일이든 자신을 찾아온 사람의 마음을 더 깊이 헤아려 주어야 할 것 같다.

면회란 기다리는 사람이나 면회 가는 사람이나 서로의 관점에서 기다림과 설렘이 겹쳐진다. 면회를 기다리는 사람은 궁금한 것도 많을 것이고, 보고 싶은 얼굴을 그리면 설렘이 더 많을 것이고, 면회하러 가는 사람은 폐쇄적인 공간에서 힘들게 자신을 지켜내는 그 꿋꿋한 의지를 보면서 위로하고 격려하는 마음으로 갈 것이다.

서로의 견해 차이는 다르지만 그리움과 애틋한 마음은 똑같다는 생각이 든다.

누구를 기다리고 그리워한다는 것은 아름다운 마음을 간직한 소중한 인연들이다.

서로가 존중해주고 아껴주는 마음과 믿음을 주고 희망을 전달해주는 직접적인 메시지이다. 어떤 사연이 있어서 잠시 떨어져 있지만, 상대방과 연결의 고리는 계속 이어가고, 언젠가 함께 있는 시간이 올 때 면회 온 그날의 고마움을 잊지 않을 것이다.

친구의 이야기이다.

사소한 일이 발단이 된 큰 다툼이었다. 주먹다짐까지 하면서 싸웠는데 친구가 언젠가 교도소에 면회 온 날을 회상하면서 나에게 이런 말을 하면서 끝냈다.

"지난날 교도소까지 면회 온 걸로 이 빚 갚는다, 이제 그만하자."

그 친구의 가슴속에 한 번의 면회가 꽤 오랫동안 자리 잡고 있었던 모양이다.

나는 생각하지도 않은 일을 상대방은 잊지 않고 면회 그 한 번의 고마움을 가지고 있었다.

나에게는 어렵지 않은 일이지만 상대방은 큰 고마움을 간직하고 있을 수 있다. 면회 그 한 번을 따뜻하게 기억하고 있는 사람이 있는 것이다.

내 주변에 누군가 큰 어려움을 겪고 있다면, 힘들고 어렵게 사는 사람들에게 찾아가서 위로의 말도 전하고 희망의 메시지도 전해줄 수 있는 사랑의 면회 한번 다녀오기를 바란다.

# 소풍 가는 날

1970년에 울산에 살았는데 당시에 나의 큰형님만 중학생이었고, 누나는 6학년, 작은형은 4학년, 나는 1학년이었다. 우리는 다음 날 소풍 갈 때 입을 옷가지와 소풍 가방을 챙기며 서로 어디로 소풍 가는지 장소를 말하면서 놀고 있었다.

누나는 작은형이 갔던 소풍 장소를 알고 있어서 그쪽에 가면 물이 없으므로 물통을 챙기라고 하고, 작은형은 내가 소풍 가는 장소를 가봤기에 노래는 무엇을 부를지 곡명을 잘 기억하라고 말하면서 소풍 가도 초등학교 1학년들은 어머니가 따라가기 때문에 일찍 집에 온다고 걱정하지 말라고 했다.

우리는 다음 날 소풍 갈 마음으로 즐겁게 이야기하면서 놀다가 어머니가 소풍 때 가지고 갈 과자와 음료수 기타 등등 무엇을 사 올지 기대하면서 밤늦도록 대문 앞에서 기다렸다. 어머니는 무엇인가 한 보따리 가지고 골목 어귀를 돌아왔다. 우리는 무슨 구원을 주시는 예수님을 맞이하듯이 어머니한테 뛰어갔다. 서로 어머니의 손에 들고 있는 보따리를 껴안고 함께 따라왔다. 철없는 자식들이 가여운지 오히려 우리 보고 다친다고 천천히 가자고 한다. 핏기 하나 없는 나의 어머니는 우리를 애처롭게 보면서 걸어왔다.

우리의 어린 나이 때 무람없고 던적스러운 소풍 가는 날의 풍경이었다.

소풍 가는 날이면 어머니는 김밥을 싸주었다. 각자 가져갈 과자도 나누어 놓으셨다. 도시락 1개, 환타 1병, 달걀 2개, 과자, 사탕을 조금씩 나누어 놓으시는데 나는 누나, 형님들과 비교해서 한 개라도 적으면 어머니께 성질을 부리곤 했다.

누나는 나에게 과자를, 형님은 사탕 2개를 주었다. 다 먹지도 못할 걸 왜 그리 욕심을 내었는지……. 김밥을 먹을 수 있는 유일한 날 소풍 가는 날. 도시락이라고 변변찮은 나무 도시락에다 음료수와 과자를 함께 넣은 소풍 가방은 한마디로 짬뽕 만드는 자루지 가방이라고 할 수 없을 정도로 뒤범벅된 음식물 쓰레기통이었다.

뒤섞인 음식물에 삶은 달걀은 닭똥 냄새를 아주 향기롭게 풍겨주었다. 그래도 점심시간이 되면 몇몇 친구들과 어울려 찌그러진 도시락을 살며시 들어내서 나누어 먹었던 재미는 지금도 생생하다. 당시에는 관광버스가 없어서 소풍 가는 날은 온종일 걸어서 유적지나 공장으로 견학 가고, 공장 내 운동장에서 밥 먹고 놀다가 해산시켜 주었다. 집이 먼 친구들은 소풍 간 장소에서 20킬로나 걸어서 가는 친구들도 있었다. 불평 한마디 못 하고 지금 생각하니 아주 치사한 소풍길이었던 것 같다. 어떻게 그 어린 학생들을 20킬로나 걷게 하면서 소풍이라고 가서 고생시켰을까 도대체 지금 와서 생각하니 즐겁게 놀지도 않았고, 재미도, 배운 것도 하나도 없는 부질없는 놀이 시간이었던 것 같다. 그것은 공부가 되었다고 생각되지 않고, 어리석은 이벤트라고 생각된다. 이제는 학교에서 그런 어리석은 소풍문화는 사라졌을 것이다.

내가 어른이 되어서 아이들과 함께 가족 소풍 갈 때면 자가용에 먹을 것 가득 싣고 야외용 텐트와 숯불바비큐를 해 먹을 수 있는 모든 준비를 해서 즐기다 온다.

가족 소풍은 처음 목적과는 반대로 가끔은 돌아올 때는

싸움으로 가정불화가 일어나는 경우도 흔히 있다. 가족이란 예상치 못한 부작용들이 일어나기 때문이다.

이런 소풍은 불행한 소풍날이 될 때도 있다. 우리는 이런 예상치 못한 불편한 소풍은 일어나지 않도록 각별히 신경 써야 할 것이다.

학교에서 단체로 소풍 가는 것은 교육상 단체활동으로 큰 공동체의 놀이문화를 통해서 협동과 단합하는 문화를 체험하도록 하는 교육적인 이익이 더 많은 것 같다. 하지만 무리한 소풍은 학교에서도 자제해야 하는데 가끔 엄청난 사고도 일어난다.

교육은 교육이고, 소풍은 소풍이지만 요즘은 단체 외에 동호회나 끼리끼리 모여서 산행이나 야외활동으로 놀이문화를 즐긴다. 하지만 그런 놀이문화도 마음 맞는 사람들끼리 즐기는 것이지 항상 화합하지 못하고 자기주장만 내세워 억지로 참여해서 즐겁지 않게 어울려 상대방 모두에게 눈살을 찌푸리게 하는 경우를 본다.

군자는 다투지 않는다란 군자불쟁君子不爭이라는 말이 있다.

한 사람의 행위 때문에 즐겁고 아름다운 행사의 이미지를 완전히 망가트리는 실수는 범하지 말아야 한다.

어떤 모임이나 개인의 주장보다 다수의 의견과 모임의 취지에 맞게 자신의 취향을 자제하고 공동체의 움직임에 적극적으로 따라주어야 한다. 그렇지 않고 자신의 주장만 내세워 모든 행사 진행에 부정적 생각을 몸으로 나타낸다면 자신만 손해란 걸 알고 나중에는 후회하겠지만, 옆에서 함께 한 사람들에게도 피해를 주기 때문에 불쾌감을 더해 준다. 함께 즐기는 쪽으로 참여의식을 고취해 주어야 자신도 보람될 것이다.

우리는 아직도 단체의 모임이나, 소풍 같은 즐기는 문화에 익숙하지 않을 때가 많다. 하지만 가끔 모이는 단체모임에서는 마음을 활짝 열어놓고 함께 즐기는 놀이문화에도 익숙해져야 할 것 같다.

# 여행길

　여행의 목적지와 여행 기간과 구체적인 시간 계획이 다 짜이면 설렘 가득 안고 며칠 전부터 여행 준비에 행복하다. 여행의 목적은 중요하지 않다. 여행 간다는 그 자체만으로도 행복해지고 즐거워진다.
　반복되는 똑같은 일상생활, 조그마한 환경변화만 주어도 지루함에 활력을 불어넣을 수 있다. 한 번도 가보지 않은 곳, 그 낯선 도시로의 여행은 새로운 세계의 낯선 경험을 통해서 우리 마음은 더 성숙되고 풍요로워질 수도 있을 것이다. 그리고 어딘가 지쳐있는 심신을 달래주고 치유해주는 것도 여행이 아닌가 싶다.
　여행은 떠나기 전에 미지의 세계를 경험하는 마음에서부터 설렘으로 시작하여 여행이 끝나고 돌아와서는 새롭게 경험했던 일들과 아름답고 오랫동안 간직할 수 있는 추억이 남으니 더 좋은 것 같다.

결혼하지 않은 30대 초반에 혼자서 마음껏 여행해보고 싶었지만, 막상 혼자서 멀리 여행한다는 것 자체가 선뜻 내키지 않았고, 청승맞은 과부나, 홀아비처럼 불쌍해 보여서 혼자서 여행 간다는 것은 엄두를 내지 못했다. 기껏해야 혼자서 배낭 메고 등산이나 즐겼다.

결혼 후에는 아내와 둘이서 먹고살기 위해서 돈 때문에도 여행가기가 힘들었지만, 막상 이제 나이 들어서 여행을 즐긴다는 말을 우리는 통상적으로 듣고만 살고 있었다.

여행은 혼자서 떠나든, 여러 명이 모여서 가든 인원수가 중요하지 않고, 또한 나이와 돈이 중요하지 않은 것 같다. 여행도 자신이 즐겨야만 여행이지 결코 억지로 또는 함부로 떠나는 것이 여행이 아니다. 이 세상 모든 일이 자신이 즐길 수 있을 때만이 아름다운 결과물이 나타난다.

아내와 처음으로 해외여행으로 일본을 자유 여행했다. 둘이서 일본말은 전혀 할 줄 모르고 지도 한 장 들고 오사카 비행장에 내려서 여행사를 통해서 예약해둔 호텔까지 찾아가고 지하철 타고 나라, 교토, 나고야, 오사카 시내를 3박 4일 동안 여행하면서 일본말은 밥 먹을 때, 계산할 때, 그 외는 거의 하지 않았다. 그러니깐 여행하면서 일본말 약 10번 정도만 하고 돌아다녔다. 벙어리 아닌 벙어리들이지만 둘이서 여기저기 바쁘게 돌아다녔다. 혼자였다면 심심했겠지만 나와 똑같은 벙어리가 함께 의사소통하니까 서로 의지하면서 즐기게 되어서 부부간의 의리가 더욱 돈독해졌다.

이런 것도 특별한 여행에서 얻은 또 하나의 가치였다. 말다툼 많이 하는 부부가 화해하기 힘들 때 어차피 서로 말을 많이 안 할 거면 대화가 통하지 않는 나라로 여행을 한번 가보라고 추천하고 싶다. 환경이 말을 하게끔 해줄 것이다.

국내 여행이든, 해외여행이든 여행의 기본조건은 목적지와 시간, 돈, 세 가지다. 여행의 목적지에 따라 며칠간의 시간이 필요할 것이며, 거기에 따른 경비가 필요하다. 그러므로 여행을 떠난다는 게 말로 하듯이 쉬운 것이 아니다. 하지만 그런 계획적이고, 철저한 준비를 하여 여행을 떠나는 것이 아니라 그냥 아무 생각 없이 어느 날 무조건 일상을 탈출하듯이 떠나는 여행은 단순한 시간과 공간의 여유이지 여행이 아니다. 이런 여행을 많이 하면 주변 사람도 피곤하지만, 자신도 피곤할 것이다. 그래서 여행이란 항상 계획된 일정을 즐기는 것이 좋다.

해외여행을 가든, 국내 여행을 가든 여행을 가게 되면 우리는 많은 길을 걸어가게 된다. 현재 내가 사는 곳과는 차이가 날 것이다. 낯선 환경에서 평소에 보지 못한 건물과 배경이 나를 다른 곳에 데려왔다는 느낌으로 새로운 눈으로 탐색하게 된다.

색다른 경험이 나의 머릿속에 저장되어 있다가 전혀 다른 구상을 할 때 무의식 속에서 그때 그곳에서 이런 걸 봐서, 그대로 표현하거나 응용해서 자신의 것으로 만들어질 수도 있다. 이런 것은 여행에서 보았던 경험으로 지식을 습득하는 것이다.

여러 가지 상상의 나래로 잠 못 이루는 경험들을 많이 한다.

국내 여행보다는 해외여행의 경우는 더할 것이다. 막상 그런 설렘과 두려움도 현지에 가서 여행할 때는 기우란 생각이 들지만 우리는 여행하는 동안은 항상 외부로부터의 경계와 자신을 지키고 즐겁게 여행을 하기 위해 어느 정도의 지식을 습득해두는 것도 중요한 것 같다. 특히 며칠이 지나 현지의 환경에 익숙해지면 더욱 마음이 놓여서 안전불감증이 일어나고 우연찮은 사고까지 나면 더욱 난감해지기도 한다.

즐거운 여행이란 무사고가 기본조건이 된 후에 즐기는 것이다.

여행하면서 꼭 특별한 무엇을 얻는다는 것보다 나의 정신건강이 회복되어 건강해지는 것도 얻는 것이다. 따라서 여행길에는 많은 목적을 두지 않고 떠나는 것도 좋다.

현재 생활에 연연하지 말고 홀가분하게 즐기러 가는 것이 여행길이다.

## 친구와 진화되어 가는 길

코로나라는 전염병은 친구들 모임까지 진화시켜주었다.

코로나 19 발생 이후 대한민국 식당은 함부로 들어가서 맛있게 음식을 먹고 화기애애한 대화를 나눌 장소가 아니고 코로나 19가 전염될 가능성이 매우 높은 곳처럼 되고 말았다. 그런 곳에서 친구들이 즐겁게 만나서 술을 마시고 대화를 한다는 것은 불가능하였다.

국가 차원에서도 사회적 거리 두기를 실천하면서 3명 이상 한 테이블에 앉아 밥도 못 먹고, 밤 9시까지란 시간도 제한되었다. 다행히 우리는 세 명이 모이는 인원이라 식당 모임에서 제한되지 않아서 아무 곳에서나 만나 술자리를 했지만, 식당 들어가는 것도 점점 치사해져서 문을 열기 싫었다.

그러다 돌파구를 찾은 곳이 친구의 동서가 서울에서 가까운 양평 쪽에 별장이 있는데 자주 이용하지 않는 별장이라 우리가 한 달에 한 번씩 이용하면 어떨까? 하면서 모이기 시작한 것이 벌써 5년이란 세월이 흘러서 우리들의 아지트가 되어 한 달에 한 번씩 만나서 맛있는 음식물 사 와서 함께 즐기면서 하룻밤 세 명이 자고 온다.

나이 60살이 넘어가면서 친구 세 명이 한 달에 한 번 모여서 맛있는 음식과 술을 마시고 함께 밤새도록 이야기하고 잠자고 오는 즐거움이 있다는 건 참 좋은 것 같다. 이렇게 5년 동안 지내오면서 친구들과 새로운 문화가 생겼다.

식당에 모여서 저녁 먹고, 술 마시고 헤어지는 모임이 아니고, 한 달에 한 번씩 편안한 날짜와 시간을 서로 의논하고 모이므로 날짜와 시간에 구애받지 않았다.

그런다고 모이는 장소도 구애받지 않고 편안하게 모일 수 있어 좋고, 맛있는 것, 먹고 싶은 것 서로 알아서 챙겨와 간편하게 먹고 즐길 수 있었다.

밤에는 불을 피워서 마음대로 놀 수 있고, 아무리 소리 지르고 크게 말해도 고성방가로 제지받지 않고, 말하기 싫으면 그냥 불만 쳐다보고 놀았다. 중요한 것은 그렇게 놀고 밤에는 함께 이불 덮고 조그만 방에서 잠자고 온다는 것이다.

아무리 가까운 친구라고 해도 한 달에 한 번씩 함께 이불 덮고 잠자고 온다는 건 참으로 의미가 큰 것 같다. 은연중에 속에 있는 말을 해도 이해해주고, 친구의 어려움을 가장 먼저 알게 되어 서로 위로해주면 헤쳐나가도록 도와주고, 서로 많은 말을 하지 않아도 친구의 마음을 먼저 알고 도움이 되는 친구가 되어버렸다.

오래된 친구도 중요하지만, 함께 잠잘 수 있는 친구를 가져 보는 것도 새로운 멋진 친구들이 되는 것 같다.

삶에는 의미 없는 것이 없듯이, 친구와의 우정에 깊은 의미를 찾으려면 함께 이불 덮고 잠을 자보는 것도 하나의 방법이다. 요즘 인터넷의 블로그나 밴드에 들어가 보면 친구에 대한 글이 많이 올라와 있다. 하나같이 정으로 돈독하게 모여서 오래 사귀어온 잊지 못할 추억과 진정한 우정을 그림 그리듯이 멋지게 꾸며 놓았다. 조선시대 선비들이 요구하는 친구 상처럼 우정이 상대방의 삶까지 책임져 달라는 듯이 요구하고 있다. 시대가 바뀐 만큼 현재의 친구란 서로의 조건이 맞아야 한다.

경제적인 조건도 맞아야 친구가 될 수 있다. 만나기 불편한 친구는 서로 얼굴 쳐다보기도 힘들기 때문이다. 생각과 마음이 맞아야 한다. 만나서 노는데, 서로 불편하면 어떻게 같이 놀 수 있겠나. 무엇을 해도 도와주고 배려해주는 마음이 있어야 한다.

이기적이면 서로 불편하다. 그러면 친구가 되기 힘들다.

이런 모든 것들이 어렵지 않고 자연스럽게 조화가 이루어진다면 친구로서 오랫동안 만날 수 있다. 친구라고 나의 마음을 백 퍼센트 다 이해하고 생각을 일치시키려고 하면 안 된다. 개인 간의 성격 차이도 생각해서 이해하고 넘어가야 할 부분은 서로의 의견을 존중하는 차원에서 조용히 넘어가야 한다. 친구이기 때문에 따지고, 생색내고 그런다면 오히려 상대 친구를 더욱 곤란하게 만드는 결과가 된다.

이 세상에 내 생각과 똑같은 부모도, 자식도 없는데 하물며 나를 대신해줄 친구를 요구한다면 친구 사귀기가 힘들 것이다. 서로를 존중하는 차원에서 정도껏 충족시켜주면 그것으로 만족을 느껴야 한다. 친구에게 많은 것을 요구하는 사이보다는 이해하고 넘어가는 범위 내에서 관계 유지를 한다면 친구와의 우정이 오래간다.

마치 나의 전부인 양 그런 친구를 갖고 싶겠지만 현실적으로는 그런 친구를 원한다는 것은 자기의 이기심이다. 친구란 가장 편안한 사이로 정신적으로 물질적으로나 편안한 관계이고 서로가 이해하는 범위 내에서 충족하면 된다.

옛날 아버지 세대처럼 물질적으로 어렵고 힘들 때 친구에게 의지하고 과분하게 요구하여도 나의 모든 것을 다 들어준다는 친구를 만들려고 하면 피곤할 것이다.

그런 친구를 찾기 전에 오히려 자신이 그런 친구가 되어 보아야 한다. 아마도 힘들어서 자신이 먼저 친구 만들기를 포기할 것이다.

진정한 친구란 나와 비슷한 생각과 이해심과 배려심만 있다면 된다. 그리고 지나친 요구를 하면 안 된다. 친구라서 이렇게 해도 되고, 저렇게 해도 모든 것을 다 받아주어야 한다는 것은 이기심의 도가 지나친 것 같다.

나 자신부터 친구에게 큰 도움을 주지도 못하면서 자신은 친구에게 큰 도움을 받는다면 그것도 하나의 외상값으로 언젠가는 갚아야 할 빚이 되는 셈이다. 물론 그런 이기적인 친구 사이는 친구가 안 되지만 오히려 만나도 불편하다.

이제는 친구란 개념을 함께 공존하면서 서로 공생하는데 불편하지 않은 존재이면서 오랫동안 가까이 지내는 친구로 진화되어야 한다.

한 이불 덮고 자는 친한 친구를 사귀어 보라. 친구들이 한 달에 한 번 모이는 날이 기다려진다.

## 맛집 찾아가는 길

　먹는 것은 단지 배를 채우는 기능만 하는 것이 아니다. 쾌감을 주는 역할도 함께 한다고 한다. 먹음으로써 쾌감까지 준다니 참 좋은 것 같다.
　음식을 먹을 때 입안에서 저작하는 순간에 세포에 자극을 가하여 활성화시키고, 두뇌로 신경전달물질인 세로토닌이 활성화되어서 전두엽의 측면을 자극하여 흥분과 쾌락을 유발시키는 물질을 분비함으로써 기분을 좋게 만든다고 한다.
　프랑스의 에피쿠로스주의 단체에서는 음식을 맛있게 먹는 클럽을 만들어서 자기들끼리 쾌락을 즐긴다고 한다.
　음식은 맛도 중요하지만 함께 먹는 사람도 중요한 것 같다. 조용하게 혼자서 먹는 음식은 소화력을 증진시키기 위해서 천천히 오랫동안 씹어서 삼켜야 한다. 혼자서 식당에

왔다고 대충 빨리 먹고 나가면 위의 부담이 가중되어서 식후에 트림이 나오고 방귀도 나오고 속도 더부룩하여 소화 장애를 일으킨다.

심상가반尋常家飯이 아닌 음식점에서 밥을 먹을 때는 가능한 여러 명이 함께 먹으면 좋은데 그렇지 못할 때 맛집을 찾아서 음식을 즐기면서 먹는 것이 좋다.

식당은 배고플 때 찾는 곳이다. 심심해서 식당가는 사람은 없다.

때문에 식당은 맛, 가격, 친절, 주차장, 접근성이 수월해야 찾아가기가 좋다.

도심에서 이런 조건을 갖추어서 운영하는 곳이 많지는 않다. 그래서 맛집을 찾아가려면 도보로 걸어서 골목 사이로 들어가서 겨우 찾아가면 거기서 또 줄 서서 기다려야 하고 여러 가지로 복잡해서 안 먹고 말지 하면서 다른 곳으로 가서 간단하게 먹고 오는 경우도 많다.

음식은 편안하게 즐기면서 먹어야 하는데 복잡하고 사람들이 많으면 오히려 부담스러워 맛있게 먹지도 못한다. 음식의 맛만큼 다양한 평가를 내리는 것도 없다.

음식은 먹는 사람마다 입맛의 차이가 나기 때문이다. 그러다 보면 보편타당한 기준점을 맞추기가 힘들어서 유능한 셰프는 계량된 기준점을 정해서 간을 보기도 한다.

다양한 음식 맛 중에 '감칠맛'이라는 것이 있다.

사전적인 감칠맛의 뜻은 '음식물이 입에 당기는 듯이 맛깔스러운 맛'이라고 한다. 달지도, 짜지도 않은 상큼한 맛, 특이한 맛을 여러 가지 복합적인 좋은 맛을 '감칠 나는 맛'으로 모든 평가를 함축적으로 표현한다.

맛이란 평균적으로 대부분 사람이 만족하면 그런대로 맛있는 음식이라고 평가한다. 특이한 맛을 제외하고는 감칠맛으로 통한다. 음식점 음식은 회전율이 빠를수록 좋다. 사람들이 와서 많이 먹고 자주 교체하여 회전율이 좋은 음식은 신선도를 유지해주고 재고가 없으니깐 선도가 좋은 상품을 재료로 사용하여 맛이 더욱 좋다.

장사가 잘되지 않는 식당에서는 해놓은 음식물을 버리지도 못하여 냉장고에 오래 보관하면 품질이 떨어지기도 하고 상하기 직전에 나오기도 하여 식당 영업이 정말로 힘들다고 한다.

맛집들은 대부분 회전율이 높아서 재료의 품질도 좋은 것으로 사용하기 때문에 신선도가 좋다고 한다. 간혹 TV에서 맛집 같은 곳이나 달인이라는 프로그램에 출연하여 맛집으로 소문난 곳을 찾아가면 처음에는 많은 사람들이 몰려들어서 식당 안으로 들어가지도 못하고 밖에서 줄 서서 기다리다가 지쳐서 나온다. 그리고 몇 달이 지나서 잊힐 만할 때 찾아가면 썰렁하여 이곳이 TV에 나온 그 집인지 구분이 안 될 때도 있다. 그리고 그 집의 대표 음식을 주문하여 시켜 먹으면 정말로 맛이 없어 실망하고 돌아오는 경우도 있다.

초심을 잃어버려서일까?

돈을 벌 만큼 벌어서일까?

맛이 없으면 친절이라도 해야지, 손님이 먼저 인사해도 본척만척, 인사를 하는 둥 마는 둥, 기다리는 시간도 얼마나 되는지 관심도 없고, 벽에는 TV에서 나온 사진을 크게도 붙여 놓고 자랑으로 도배를 해놓았다. 물론 다 그런 맛집은 아니지만 몇몇 심성이 곱지 못한 잘못된 맛집은 오래가지 못하는 경우도 있다.

맛집도 맛집 나름인가 보다. 맛집이 아니더라도 좋은 재료를 사용하여 적당한 맛을 내고 정성껏 담아 준다면 맛집보다 훌륭한 음식점이 될 텐데……

맛집 찾아가는 길, 배고파서 가는데 푸짐하고 친절하게

접대해주는 집이면 된다.

굳이 TV에 소개된 맛집까지 찾아갈 필요는 없을 것 같다.

## 축복

출항하는 배와 선원들을 위해서 축복을 비는 마음으로 성대한 축제를 열어서 축하하는 곳이 있는가 하면 항해가 끝나고 무사 귀향한 배와 선원들을 위하여 성대한 축하를 열어주는 나라가 있다.

전자는 출항하는 배와 선원들이 언제 어떤 일을 당할지도 모르는 상황에서 무사히 다시 돌아오기를 바라는 뜻이 담겨 있고, 후자는 험난한 항해를 잘 마치고 돌아온 것을 기념하기 위해서 축하연을 하는 것이다.

축복하는 시점이 시작과 끝이라는 차이가 있지만, 축복을 바라는 마음은 똑같은 것이다.

아이가 탄생하면 건강하게 자라고, 앞날의 축복을 기원하는 마음으로 탄생을 축하해 주고, 훗날 나이가 들어서 미수米壽, 백수白壽로 무병장수하여 훌륭하게 살아오신 분들께 노고와 감사에 대한 축복잔치를 열어준다.

우리가 어떤 삶이든 축복과 성원을 기원하며 함께 축하를 베풀어 주는 데는 동고동락의 의미가 있다. 아이가 성인이 되면 성인식을 열어주고, 결혼하면 인생의 새로운 시작으로 부부가 된 두 사람이 완성된 삶을 살아가도록 축복해준다.

축복받을 자격이 있든, 없든 축복받는 것은 은총이다.

인생길은 3단계로 구성되어 있다. 시작, 과정, 마무리다.

세상의 모든 평가를 마무리에서 하는 것이 아니다. 과정도 결과에 대한 종합적인 평가에서 중요한 요소를 차지한다. 종착지에 도달하기까지의 과정 없이는 결과는 생겨나지 않는다.

어느 수행자가 속세의 연을 끊고 스님이 되기까지의 수행과정을 담은 책을 냈다. 머리를 깎을 때의 그 마음이 초심이라면 그 초심을 지키기 위해서 끊임없는 고통과 시련 속에서 자신과의 싸움에서 자신을 지켜내기 위한 투쟁은 말로 다 표현하기 힘들다. 승복을 벗고 다시 환속하려는 마음부터 부처님에 대한 불신과 허약해져 가는 육체뿐만 아니라 심신마저 미약해져서 사경을 헤매던 끝에 자신을 지키고 결국에는 부처님 전에서 어느 날 차분하게 불경을 외우면서 진정한 수행승이 되었다고 한다.

　과정을 말로 표현하여 여기까지이고 수행과정 당시에는 무거운 어깨의 짐 때문에 앞이 보이질 않는다고 했다.

　물론 고행이 그 스님께만 있지는 않겠지만, 종교계에 몸담고 계신 신부님, 목사님 전부 다들 고행의 고통과 어려움을 극복하고 교단 앞에 우뚝 서 계시지, 대충 살아오시면서 그렇게는 하지 못할 것이다.

　일반 대중들도 예외가 아니다.

　어느 대기업에 간부 사원으로 일하다 사표 쓰고 나온 어느 사장님의 사연도 마찬가지다. 친구에게 퇴직금 빌려주고 10원짜리 돈 한 푼 못 받고 오히려 자신의 집을 은행에 근저당 잡히고 사업하다가 경영악화로 부도내고 결국은 가족과 생이별하고 자신은 노숙자 생활하면서 폐지 주우면서 근근이 살아왔다는 것이다. 노숙자 쉼터에서 재활용역일에 참여하면서 겨우 회생하여 다시 물류업에 참여, 마침내 그동안 빚졌던 부채 상환하고 가족들을 모아서 다시 가정을 꾸리게 되었다는 사연을 말하면서 '난파선이라도 나에게 있다면 끌고는 갈 수 있지만 침몰하는 배는 그대로 끝'이라고 자신에게 끝까지 끌고 갈 수 있는 무엇은 남겨 놓아야 한다고 했다.

인생길 가면서 무겁다고 다 내려놓으면 나중에 흔적조차 찾을 수 없다는 뜻이다. 길을 걸어가는 동안 내 등짐에 무거운 짐을 내려놓는 순간 얼마나 편하겠나, 고통과 시련으로부터의 탈출은 해방이 아니다. 철학적이지도 않은 '내려놓아라'라는 식으로 설득력 있게 말하는 이도 있겠지만 '이겨내어라'라고 말하고 싶다.

자신이 담을 만큼의 그릇에 적당한 크기의 무게를 지탱할 수 있는 양만큼 가져가면 되는데 가다가 욕심이 두 배로 생기고, 욕망이 늘어가면 과부하가 걸려서 힘들어지는 것이다. 그때는 욕심과 욕망을 내려놓는 것이다. 모든 걸 다 내려놓고 가라는 뜻은 아니다. 어깨에 멘 짐들을 돈이라고 생각하면 무거워진다. 나의 이상과 꿈과 희망 약속 배려 행복 사랑 신뢰 믿음이라고 생각하고 가야 한다. 내 등에 짊어진 짐이 물질을 추구하는 것이라면 무거워진다.

행복도 욕심내어 두 배로 가지고 간다면 무거워진다. 사랑도 너무 많이 가지면 무거워진다. 행복도 사랑도 적당한 크기의 양만 가져가면 무겁지 않다.

세상의 밝은 희망을 꿈꾸며 안락한 세상에서 행복과 사랑이 가득한 세계로 나가는 길이라고 믿고 적당하게 함께 가는 길을 선택하여야 한다.

무슨 꿈같은 소리라고 말하겠지만 결국 종착지에서 짐을 풀어보면 알게 될 것이다. 짐이 물질이라면 허무만 남겠지만 짐이 자신이 원하는 이상의 희망이라면 그 짐이 소중한 보물이 될 것이다. 그리고 난파선에 담아온 아름다운 추억은 보물이 될 것이면 뒤에 따라오는 후배들에게 교훈으로 넘겨주게 될 선물이 될 것이다.

목적지에 도착했을 때 나를 축복해주는 고마운 분들께 작은 선물로 보답할 수 있는 건 바로 행복, 사람, 믿음, 기쁨 형용하기 쉬운 단어들이다.

물질적 보상은 그때그때 필요할 때마다 원하는 만큼 베풀어 주면 된다. 축복받을 수 있는 길은 최종결승점에서 1등이 중요한 것이 아니라 걸어온 과정에서 어떻게 고통과 시련을 극복하고 자신만이 아닌 행복, 사랑, 희망을 안고서 걸어왔는가 그 과정도 함께 평가해야 하는 것이다.

축복받는 마지막 도착점이 최종 목표가 아니다. 축복은 또 다른 시작이다.

축복받았다고 그 삶에 안주한다면 얼마 가지 않아서 회의를 느낄 것이다.

그 자리에서 무엇인가 작은 도전을 하든지 아니면 후학을 위해서 글을 남기든지 무엇인가 새롭게 도전하는 일상으로 돌아와야 한다. 사람은 끊임없는 도전 정신으로 살아야 축복받는다.

## 설날 속초 여행

　명절날 제사 지내는 가족문화가 휴식과 가족 간의 여행문화로 변화되어가는 것 같다. 세시풍속도 이제는 변화되어가는 중이다. 사후에 많은 음식 차려놓고 제사 올리는 문화는 점점 지양되어 가고 있다.

　돌아가시기 전에 좋아하는 음식을 많이 드시면 배탈 나기 때문에 많이 못 드리고, 돌아가신 후에는 아무리 먹어도 괜찮은지 상다리가 휘어지도록 차려놓고 그 앞에서 절하고 젓가락 세 번 두드려 이 음식, 저 음식 위에 놀려 놓는 모습 같은 부질없는 가족 연례행사가 점점 자제되고, 조상에 대한 숭배의식은 다르게 받아들여지고 있다.

　참배하고 숭고한 정신을 이어서 감사와 추억으로 돌아가신 분들께 찬양하는 의미로 몇 분 동안 묵념하고 사후의 세계에서도 잘 사시라고 기도하는 것 같은 간단한 의식을 치러드리는 것으로 바뀌어 간다.

　명절이라고 3일 동안 공휴일을 하는 것도 맞는 것인지 모르겠다.

　아무튼, 휴일을 즐기고 싶은 것은 모든 사람의 공통된 뜻이기에 제사를 지내지 않아도 함께 공휴일을 즐긴다. 더불어 이렇게 설날에 속초까지 여행도 와보았다.

　설날 아침, 예약해둔 설악산 밑에 위치한 콘도를 향해 출발, 경기도 광주에서 양평으로 홍천, 인제, 원통, 미시령터널을 통과하는 일반국도를 이용해서 승용차로 우리 부부는 단둘이 떠났다.

　설날 아침이라 도로에 차가 없어서 아주 한가해서 좋았다. 부모님 살아 계실 때는 감히 상상도 못 해본 설날 여행에 무슨 나쁜 짓을 하지도 않는데 마치 불효자식들 같은 느낌은 여전히 가슴속에 남아 있는 것 같기도 하여 차 안에서 계속 옛날에 명절 지내러 지방에 내려갔던 이야기만 하였다. 그때의 가슴속앓이 했던 이야기를 남편인 나에게 속풀이 하는 것으로 생각하고 다 들어 주었다.

　속이 시원한지 바깥 풍경을 보면서 즐기던 아내가 고맙기도 하여 '고생했다, 이제 이렇게 즐겁게 여행 다니자.'라고 말하니 아주 좋아했다.

　어느덧 미시령고개를 넘어가니 너무 빨리 와서 콘도 입실 시간보다 일찍 도착하여 짐도 내려놓지 못하고 속초 시내로 나갔다. 명절이라 한산할 것 같았지만 우리만 여행객이 아니었다. 우리와 비슷한 가족들이 엄청나게 많았다. 속초가 관광지이지만 자영업 하시는 분들도 명절차례와 가족들과 모처럼의 공휴일에 쉬는지 문 닫힌 곳도 많았지만, 반면에 의외로 영업하는 곳도 예상외로 많았다.

　먼저 속초중앙시장으로 발길을 옮겼다. 평일보다 더 복잡했다. 특히나 TV에서 무슨 맛집으로 나오면 그 집 앞은 복잡했다. 명절인데도 그렇게 많은 사람이 그 음식을 먹으려고 줄을 서서 기다리다가 사가는 모습이란 참으로 대중매체의 홍보가 사람들의 입맛을 자극하는 것 같았다. 우리는 줄서기 싫어서 맛도 못 보고 다른 곳으로 발길을 옮겼다. 지하에는 횟집이 즐비한데 활어가 많이 나오지 않고, 문 닫은 횟집이 많아서 무척 비싸게 판매되어 그곳에서도 구경만 하고 나와야 했다.

　집에서 먹을 걸 많이 준비해오기는 했는데 아내가 회를 좋아하기에 현지에서 회를 사주고 싶었지만, 어쩔 수 없이 그냥 지나치기 아쉬워 회 대신 조금 저렴하게 판매하고 있는 조개를 사서 콘도에 가서 삶아 먹기로 했다.
  시간이 오후 4시쯤 되어서 콘도 입실이 가능해서 바로 예약된 콘도에 가서 저녁을 먹기로 했다. 미리 사 온 김밥과 약간의 반찬으로 맛있게 저녁을 먹고 조개탕에 소주도 한잔하며 일단은 설날의 여행을 자축하였다.

  다음 날 아침 7시에 일어나 약간의 밥을 해서 도시락에 담고 속초에서 30분 거리의 수산항으로 낚시를 하러 갔다. 겨울이라 바람도 많이 불고, 파도가 높아서 배낚시는 할 수 없고 방파제 낚시하기 좋은 곳으로 학꽁치 잡으려고 갔다.
  사람들이 많았다. 학꽁치도 올라오지 않고 그냥 낚싯대만 바닷물 속에 담그고 바다 구경하다가 점심으로 싸 간 도시락만 까먹고 오후에 올라왔다.
  목숨 걸고 고기 잡으려고 한 것도 아니고 물고기 한 마리 못 잡아도 고기들에게는 감사할 따름이다, 방생하고 놀다가 왔다고 생각하니 그 또한 즐겁기만 하였다.
  어제 중앙시장에서 회가 너무 비싸서 못 사 먹었는데 회를 좋아하는 아내를 위해서 올라오다가 대포항으로 들어갔다. 명절인데도 횟집에는 사람들이 많았다.

　설날에 맛있는 음식과 별개로 모두 회를 좋아하는 사람들인지 아니면 우리같이 차례를 지내지 않고 나온 사람들인지 회를 먹고 있는 그들이 우리를 쳐다볼 때도 나와 같은 생각을 하는지 횟집 안에서도 우리를 쳐다봤다. 마치 동물원 안에 있는 원숭이가 우리를 쳐다보듯이, 우리가 원숭이를 쳐다보듯, 서로 아무런 감정이입 없이 무심코 쳐다보면서 나도 내가 원하는 것을 바라보면서 조금이라도 싼 횟감을 사기 위해서 돌아다녔다.

　역시 장사꾼은 장사꾼이었다. 걸어가는 나를 한참을 뚫어지게 쳐다보던 호객하는 여자가 나를 잡고 소리치면서 흥정하기 시작했다. 플라스틱 통 같은 데 광어와 우럭을 올려놓고 3만 원이라고 했다. 먹음직스럽게 통통하였다, 3만 원이란 말에 귀를 의심했지만, 오늘 설날이고 특별히 준다고 했다. 나는 못 이기는 척 "비싼데" 말하면서 바로 사버렸다. 회 뜨는 값이 3천 원이라고 했다. 그래서 3만 3천 원에 회를 사서 대포항을 빠져나왔다.

　대포항 옆으로 바다를 끼고 해안도로를 돌아 나오면 북한 실향민 동네가 나온다. 아내는 속초에 가면 그 동네에 가서 아바이순대를 먹어보자고 했다. 마침 바로 그곳으로 들어갔다. 설날 명절날 대부분 문을 열지 않았다. 아바이순대 집도 역시 모두 문 닫혀 있었다. 그들도 분명히 아침부터 차례를 지냈을 것이다.

아쉬움을 뒤로하고 콘도로 올라오면서 설악산 입구까지 올라갔다. 차에서 내리지도 않고 바로 콘도로 들어왔다. 저녁 6시가 훌쩍 지나가고 있었다. 우리는 회를 꺼내서 초장에 찍어 먹으면서 소주도 한잔했다. 비록 낚시로 고기는 못 잡았어도 3만 원짜리 회는 맛있게 먹을 수 있어서 다행이고 행복했다.

낚시라는 게 꼭 고기를 잡는 것만이 목적이 아니다. 즐길 수 있다는 것이다.

방파제에서 낚시해 얼마나 많이 잡아 회를 떠먹을 수 있겠나, 오히려 마음 편하게 낚시는 폼이고, 먹는 것은 잡아 놓은 수족관 회나 떠먹는 것이다. 단지 아쉬운 것은 손맛을 못 보고 오는 것이 아쉽기는 했다. 또 하루가 그렇게 흘러갔다. 내일이면 여행 마지막 날이었다. 2박 3일이 금방 흘려서 아무것도 한 일이 없이 왔다 갔다 하다가 지나가 버린 것 같았다.

나는 새벽에 일어나서 집에서 가져온 노트북을 켰다. 여행 가면서 처음으로 노트북을 가져왔다. 휴양지에서 필기구 없이 충전된 노트북만 켜면 종이에 글자 적는 것보다 훨씬 편리하고, 다시 기록하지 않아도 되고, 여러 가지 유익했다.

이제부터 여행 시 꼭 노트북을 가지고 다니기로 했다.

아내와 처음 출발할 때부터 약간의 언성을 높이기도 했지만, 그런대로 화해하고 서로가 더 잘 살기 위해서는 더욱더 돈독해지자는 말도 할 수 있었고, 여행하면서 목적 없이 나왔지만, 힐링이란 글자가 치유란 뜻만 아니라 여유란 말도 포함된 것 같았다.

꼭 외국어로 힐링이란 말보다는 즐김이란 단어를 썼다. 어떤 문화를 즐기고, 스포츠를 즐기는 것이 아니라 정신적인 여유를 즐기고 싶은 것이다. 현대인 특히 도시에서 생활하는 직장인과 자영업 하는 전문점 사장님들께 여유를 줄 수 있는 여행은 치유 자체다.

무리해서 또는 스트레스받아서 병원 신세 지기 전에 자신이 먼저 자연에서 여유롭게 치유해서 다시 업무에 복귀한다면 그것이 더 효율적일 것이고, 생산성도 높아질 것이다.

매일 먹고 자고 놀고 싶지만 그런 건 희망 사항으로 생각일 뿐 현실은 스스로 일을 하고 살아가야 한다. 내일 집으로 돌아가면 다시 열심히 살아야겠다고, 다짐하면서 노트북을 접고 눈을 감았다.

돌아가는 길도 즐겁고, 안전하게 돌아가기를 기대하면서…….

## 행복을 만드는 가정

행복한 사람의 얼굴은 화사하다. 눈에서부터 부드러운 웃음이 흘러나온다.

말을 하지 않아도 무엇인가 편안한 느낌을 안겨준다. 괴로움, 슬픔, 불편함이 없이 사람에게 편안하게 슬며시 다가오는 안락함과 기쁜 마음과 즐거움이 행복을 안겨주기 때문이다. 그 행복 찾기가 쉬우면서도 어렵고 힘들다.

아무에게나 행복을 주지 않는다.

행복은 찾는다고 찾아지는 것도 아니고, 갖고 싶다고 마음껏 가질 수 있는 것도 아니다. 행복은 셀 수 없는 것, 형용하기 어려운 형용사가 행복이다.

가시적으로 행복하다는 것은 누구나 할 수 있지만, 진짜로 행복한 시간은 많이 주어지지 않는다. 그저 스쳐 지나가는 순간의 행복감이 행복이다.

일하고 먹고사는 동안은 많이 행복하다고 말하면서 살 수 있는 시간이 얼마나 될까? 오랫동안 행복이 머무를 수는 없는 것이 행복이다. 행복은 여러 사람에게 조금씩 다양하게 나누어 주는 물질이기 때문에 사람들이 원하는 만큼의 행복은 주어지지 않는다. 그러므로 자주 행복을 찾는 사람이 행복을 오랫동안 많이 가지는 것이다. 열심히 일하는 사람에게 행복은 많이 가는 것이다. 아무것도 하는 일 없이 '나는 요즘 너무 행복해'라고 말하는 사람은 행복을 간직하고 싶어 하는 희망이지 간직하고 있다는 것은 아니다.

자신이 얼마나 행복한가를 스스로 측정하여 수치로 나타내는 '행복지수'란 것이 있다. 영국의 심리학자 로즈웰Rothwell과 인생 상담사 코헨Cohen이란 사람들이 2002년에 발표한 행복지수는,

P(Personal) : 인생관, 적응력, 유연성 등의 개인적인 특성
E(Existence) : 곤경, 돈, 인간관계 등 생존조건
H(Higher Order) : 야망, 자존심, 기대, 유머

3가지 요소에 의해 결정된다.
이 중에서 생존조건(E)이 개인특성(P)보다 5배 더 중요하

고, 고차원 상태(H)가 개인 특성(P)보다 3배 더 중요한 것으로 판단하여 행복지수=P+(5 x E)+(3 x H)란 공식을 만들어서 수치화하였다.

―인터넷 자료 참고

 행복지수란 제로(0)에서 백(100)까지 왔다 갔다 하는 계기판의 바늘처럼 올라갈 때는 한없이 올라갔다가 내려올 때도 계속 내려와서 멈추는 것이 아니다.
 늘 최고의 값으로 또는 최젓값으로 있는 것이 아니라 적정수준까지 오르락내리락한다는 것이다. 그래서 행복지수는 즐기면 값이 올라간다.
 행복[Happiness]은 욕구와 욕망이 충족되어 만족하거나 즐거움을 느끼는 상태, 불안감을 느끼지 않고 안심하거나 또는 희망을 그리는 상태에서의 좋은 감정으로, 심리적인 상태 및 이상적 경지를 의미한다는 사전적인 용어만으로도 충분한데 그것을 수치화하여 행복을 찾을 필요는 없다. 결국은 불행하지 않으면 행복한 것을 굳이 행복을 찾으려고 하지 말고, 그냥 즐기고, 느끼고 살면서 여유로움과 풍요로운 마음을 가지면 그것이 행복인 것이다.

행복의 기본단위는 자신에서부터 시작하지만 자신이 속해있는 가족이란 공동체에서부터 출발한다. 가족이 존속하여 불행해지지 않고 유지하기 위해서 평화와 화합이 이루어져야만 행복이 찾아오는 것이다. 그 기폭제는 부부관계이며 가족 모두가 공동체의 책임이 되는 것이다.

아무것도 모르는 남녀가 처음 만나서 사랑을 하고 결혼을 해서 가정을 이루고, 아이를 낳고 키울 때는 그 아이들이 완전히 성장할 때까지 건강하고 씩씩하게 자라주기만을 희망하며 행복감을 만족하였다. 그러다 자식들이 출가하면 의무를 다했다는 성취감에 만족할 줄 알았는데, 자식들이 나보다 더 나은 가정을 이루고 사회적으로 훌륭하게 살았으면 하는 바람이 생긴다.

모든 집착이 오직 자식들이 삐뚤어지지 않고 가족의 행복을 유지하기 위해서 살기를 바랄 뿐이었는데 과연 이것이 행복일까?란 의문이 들면서 그것은 나 자신만의 행복 찾기일 뿐이지 결코 나의 바람과 욕심이 행복을 주지 않았다.

그래서 가족 행복의 기본조건을 만들어야 했다.

첫 번째로 골동품 하나를 집 안에 가져다 놓았다.

깨어지지 않게, 유지관리를 잘 해야 하므로 들어오는 모든 가족이 조심하고 신경 쓰는 노력이 중요한 모습을 보여야 함을 깨우치도록 그리고 그것을 어떻게 받아들여야 하는지를 가르쳤다. 즐길 것인지, 억지로 피할 것인지, 신경 쓰지 않고 대충 지낼 것인지 마음에서부터 받아들이는 자세가 중요하다는 그것을 강조했다. 깨어지지 않는 골동품은 없듯이 깨어지지 않는 행복은 없다. 그러나 모두가 소중하게 생각하고 서로 배려하는 노력이 있다면 오래도록 간직할 수 있는 것도 골동품이요 보배로운 것처럼 가족이 골동품이 되어 보기에도 행복했다.

두 번째로 가치다.

사치스럽지도, 부담스럽지도 않게 그 가치를 찾아서 소중함을 강조하지 않아도 모두가 자연스럽게 이어갈 수 있도록 가족 간의 갈등 없이 우애를 돈독히 하면서 함께 공동의식을 가지는 것이다. 그 모든 것은 아버지, 어머니가 주체가 되어서 이어가야 했다. 눈으로 보고 배우는 삶의 현장학습 그대로 이어져가는 유전자만 활성화해주면 그 아이들은 스스로 그 모습을 닮아 간다. 그래서 대를 이어가면서 소중한 가치를 유지 보존하며 행복을 이어 갈 것이다.

세 번째로 아내와의 관계이다.

가정의 행복을 유지하기 위해서는 부부관계가 중요하다. 포인트는 웃음이다.

부부간에는 어느 정도의 긴장과 공유하는 중간 관계가 있다. 서로 간의 이해관계의 폭을 줄여 주는 방법을 찾았다. 부드러움과 사랑이다.

그 연결고리를 잘 이어주는 것이 웃음을 잃지 않는 것이다. 화가 나는 일도 서로 한발씩 뒤로 물려서 바라보는 방법과 서로의 믿음을 잃지 않게 이어주는 것도, 진실한 마음으로 다가서고, 딱딱해지고 처리하기 어려운 숙제는 웃음으로 대화하며 골 진 감정은 그 자리에서 대화로 풀어버리고 좋은 일이든, 나쁜 일이든 공유하며 책임을 전가하지 않고 함께 풀어가는 방법을 터득해야 한다. 이런 모든 행위는 서로 간의 믿음과 사랑의 결실이며 인격도 격상될 것이다. 이렇게 되면 남편이나 아내의 성격도 대인관계에서 원활하게 되어 주변의 사람들도 좋은 반응을 보일 것이다.

사람의 성격이 인격을 말해주듯이 자신의 성격도 이성적으로 화합하고 공유하며 배려하는 마음을 가지고 있어야 한다.

성격이 모나서 절대 타협하지 못하는 사람은 가정에서도

딱딱한 분위기를 그대로 유지하기 때문에 스스로 부드럽게 만들어서 동행하는 모든 사람과 공유의 폭을 넓혀가는 방법도 좋을 것 같다.

　세상에 독불장군은 없다. 모든 것들은 이해관계를 따지기 전에 상대를 존중해주며, 대화와 배려하는 마음에서부터 좋은 관계가 유지된다. 부부관계에서 중요한 많은 요소 중에 '함께'라는 의식 속에서 믿음과 사랑을 키우며 딱딱한 대화보다 부드럽게 이어가는 생활방식이 행복을 유지하는 방법인 것 같다.

　화가 나도 참고, 부부싸움은 칼로 물 베기라고, 갈라도 갈라지지 않는 물 베기는 하나 마나 한 싸움에 불과하므로 싸움보다는 공유하고 이해하는 방법이 훨씬 쉬울 것이다. 그렇게 행복을 찾아가는 것이다.

　어렵게 생각하면 한없이 어렵지만 쉽게 접근하면 그만큼 쉬운 것도 없다.

　부부가 행복한 가정은 자식들도 모두가 행복하다. 끝없이 가족의 행복 만들기에 도전하고 지켜가는 삶은 건강한 삶이 될 것이다.

## 인생 게임

　세상에는 별별 경기가 다 있지만, 그중에서 가장 대중적인 스포츠로 야구와 축구를 비교해 볼 수 있다. 야구는 10명의 선수가 9회 말까지 점수 많이 내는 팀이 이기는 경기다. 야구가 왜? 9회 말까지 3 아웃 되면 교체하는지 교과서와 인터넷 자료를 찾아보면 여러 가지 설이 나온다.

　원래는 21점 먼저 내기 게임이었는데 시간이 너무 오래 걸려서 누군가 12진법으로 타순이 3회전 이상 돌아가는 9회까지 하기로 정하면서 야구의 규칙이 정해졌다고 한다.

　야구는 시간 제약 없이 9회까지, 연장 12회까지 한정된 규칙으로 경기하는 방식으로 야구장이란 지정된 장소가 있어야 한다. 글러브, 배트, 포수 마스크 등등의 장비가 필요하다. 선수 중 한 사람, 투수가 경기에 비중 있는 역할을 차지한다.

야구의 가장 중요한 핵심으로 배트를 잘 치는 선수가 있다면, 그 선수가 홈런을 친다면 한꺼번에 4점까지 낼 수 있다는 것이다.

그래서 야구에서는 공 잘 던지는 투수와 홈런 잘 치는 선수의 연봉 차이가 크게 나는 게 특징이다. 야구는 땀을 많이 흘리지 않는 운동이다. 체력 소모가 다른 구기 종목보다는 적기 때문에 뚱뚱한 선수도 있다.

축구는 야구와 매우 다르다.

축구의 기원은 그리스이지만 종주국으로 영국을 대표하는 구기 종목이다.

축구의 기원을 보면 기원전 6, 7세기 고대 그리스의 하파스톤Harpaston에서 시작되었다는 설과 4세기경 영국에서 섬 주민들이 그곳에 침입해온 데인족 장군의 두개골을 차면서 승리를 축하한 것으로 공 그 자체가 적의 머리의 상징이라는 설도 있다.

만약 이게 사실이라면 축구는 인간의 잔인한 본성을 표출하는 그것에서부터 시작되었다고 해도 과언은 아닌 것 같다. 1845년부터 공을 손으로 만지지 못하게 하며 오직 발로만 차는 것으로 규칙을 정했다고 한다.

축구는 1개의 공으로 직사각형의 네모난 선 안에서 11명의 선수 중에 문을 지키는 골키퍼를 제외하고 10명이 각 포지션을 정해놓고 공격수와 수비수로 나누어 상대방의 골문으로 먼저 골을 집어넣으면 이기는 경기인데 전, 후반 45분씩 90분이란 시간 안에서 이루어지는 제한된 경기다.

현대의 축구는 야구와 다르게 장소가 협소하고 인원수가 적어도 공 하나만 있으면 상대방과 조건을 맞추어서 좁은 곳에서도 충분히 할 수 있는 스포츠이다.

그래서 동네에서는 야구보다 축구를 선호하는 곳이 많다. 야구와 축구 경기의 장단점은 다르겠지만 그 특성을 보았을 때 야구가 자본주의 운동이라면 축구는 사회주의 경기라고 보는 시각도 있다.

무엇보다 중요한 것은 야구는 고도의 집중력과 순발력이 필요하며, 축구는 체력과 순발력이 중요한 경기이다. 두 경기 공통된 요소는 협동심, 판단력, 결단력, 체력이 기본 바탕이 되어야 한다는 것이다.

야구와 축구를 단순하게 비교하였지만, 여기에는 숨어 있는 많은 교훈들이 들어 있다. 어떤 경기이든 규칙과 길이 있다. 보이지 않는 길은 자신들이 규칙에 벗어나지 않게 만들어서 스스로 승리로 이끌어가는 목표가 정해져 있는 길이다.

　사람도 이 세상에 태어나면 어떤 사람이든 어떤 스포츠의 선수처럼 모든 삶의 경기장에서 선수로 태어나야 하는 운명으로 살아야 한다.
　사람은 태어나서 국가에 출생신고하면서부터 선수로 등록되어 진다. 그렇게 되면 자의든, 타의든 우리는 선수로 등록되어 인생 게임을 하면서 살아야 한다.
　19세까지는 청소년 선수로 등록되어 진다. 물론 기초체력을 튼튼하게 다지는 시기이지만 학생이란 신분을 보장받으면서부터 선수로 등록되어 진다. 기초체력이 얼마나 중요한지는 나중에 결과물을 보면 알겠지만 먼저 살아온 부모, 친인척, 선생님들로부터 착실하게 배워온 학생일수록 나중에 사회인 선수가 되었을 때 도움이 많이 된다는 사실을 알 것이다.
　소년이로학난성少年易老學難成이란 인생의 시간은 빠르게 흘러가지만, 그 기간 안에 학문을 이루기란 결코 쉽지 않다는 뜻으로 학생일 때 허투루 보내지 않고 학문에 매진하라는 뜻이다.

학생 선수로 있을 때는 성적 순위별로 정해지기 때문에 성적 1등이 최고이고, 마지막 꼴찌는 숫자가 중요하지는 않다. 고등학교 3학년 수능 고사가 학생 때의 가장 절정기로 마지막 순위가 결정되기도 한다. 그러나 학생 신분으로서 등수가 중요한 것이 아니다. 얼마나 많은 학습 내용과 지식을 습득하여 머리와 가슴속에 넣어 두었는지가 중요하다.

성적 1등도 중요하지만 꼴등을 해도 자신만의 지식을 습득하여 자신의 지혜와 슬기로 만들어 놓으면 제대로 교육받아서 학습된 학생이 될 것이다.

물론 인성과 가정교육 외 예절을 체험하여 자기 것으로 만들어 놓으면 겸손해서 나중에는 시너지 효과가 더욱 클 것으로 기대가 된다.

청소년기가 끝나고 동시에는 2단계 선수로 사회진출을 하여 사회인 선수로 등극한다. 이때부터 무한경쟁이다. 많은 분야가 있는데 자기 적성에 맞는 게임장으로 들어가서 그 후에는 스스로 게임을 즐기면 된다.

게임장은 국가를 위해 헌신하는 공무직부터 시작하여 정치인. 직장인, 자영업, 스포츠, 예술, 전문 분야별로 다양한 게임장으로 진출할 수 있다. 그 속에서 19세 이전에 익혀둔 기초체력과 지식을 활용하여 60세 이전까지는 무조건 현장에서 뛰어야 한다. 죽지 않는 이상 우리는 적당한 휴식과 운동, 쉼은 언제든지 할 수 있지만, 게임은 지속된다. 그래야 70대 이후 편안하게 마지막 노화로 게임에서 은퇴했을 때 관중으로 즐길 수 있다

　80세가 넘으면 게임장의 관중이 된다.

　선수로서는 기능 상실이 되어서 활동을 할 수 없다. 우리는 그렇게 시간을 허비하면서 늙어가게 되어있다. 생명이 언제까지 주어질지는 아무도 모르지만 100년의 세월이 흘러가도 우리는 생명은 'THE GAME IS OVER'란 구절이 흘러나올 때까지는 끝난 것이 아니다.

　인생 게임이 완전히 끝나는 죽음도 잘 맞이해야 한다.

　간혹, 종교나 철학적 이념에서 삶에 너무 과도한 집착을 보이면 '내려놓아라'라고 한다. 살아가면서 무엇을 내려놓으란 말인가, 서로 가지려고 경쟁해서 쟁탈하지 않는 이상 내려놓을 것 없다. 내려놓는 순간 죽음이다. 자신의 그릇만큼 담고 끝까지 삶의 애착을 가지고 노력하면서 스스로 이겨내는 삶을 살아야 한다.

적극적이고 긍정적인 삶을 살다가 가야 한다. 인생 게임의 끝은 내려놓는 것이 아닌 최후의 심판 날에 그동안 점수가 얼마나 되었는지 그 판단은 신만이 내릴 수 있을 것이다.

성적표는 죽은 후에 나온다. 죽기 전까지 야구, 축구 같은 인생 게임을 즐기면서 살아야 한다.

# 아름다운 사람

내가 사는 동네에 김진철 씨란 분이 마을 어귀 모퉁이에 혼자서 살고 있다.

마을 입구로 들어오는 곳에 다리가 하나 있다. 주변이 항상 지저분하고 다리 밑에 담배꽁초며, 온갖 쓰레기들이 늘 지천으로 깔려있고 물도 더러워서 항상 불쾌했는데 어느 날 어떤 중년의 아저씨가 매일 아침 6시가 되면 나와서 혼자서 청소를 했다.

며칠 하다가 그만두겠지 하고 멀리서 그저 바라보기만 했다.

한 달, 두 달 1년 365일 하루도 빠짐없이 쓰레기가 있건 없건 매일 아침 6시에 나와서 청소를 하기 시작했다. 도대체 무엇을 하는 사람인지, 이곳에 오신 지가 얼마나 되었는지 궁금했다.

어느 날 아저씨에게 다가가서 음료수를 건네면서 물어보

앉다.

 왜 그렇게 열심히 청소하시는지? 이 동네 이사 온 지는 1년이 조금 지났으며 직업은 고물상을 하고 혼자서 살고 있다고 하였다. 이사 온 뒤 마을에 들어올 때마다 입구가 지저분해서 한 번 청소해도 그대로이고 청소해도 청소한 표시가 나지 않아서 자신도 모르게 계속하게 되었다고 했다. 이유가 아주 단순했다. 자신이 무엇인가 일을 했으면 흔적이라도 남아야 하는데 청소라는 것은 유독 눈에 띄는 일인데도 깨끗하지 않았던 것이다. 그래서 매일 꾸준히 청소했더니 자신의 마음도 깨끗하고 다리를 건너올 때마다 기분도 좋고 아름다워 보인다는 것이다. 그리고 자신이 먼저 일하면 자연적으로 동네 주민들도 나와서 함께 청소할 줄 알았다는 것이다. 그래서 나도 어쩔 수 없이 삐죽거리면서 도와주는 척하다가 함께 청소를 시작하게 되었다.

 그리고 동네에 몇몇 어른들과 젊은이, 아이들도 가끔 나와서 청소하게 되어서 이제는 다리 주변이 깨끗해진 것 외에 동네 사람들이 모여서 인사를 하며 청소하고 운동하는 곳으로 변하기 시작하였다.

 처음엔 한 사람이 청소를 시작한 것이 나중에는 마을 전체 사람들의 공동 청소로 변해가서 다리 주변뿐만 아니라 동네 전체를 한 달에 매월 첫째 주, 넷째 주에 청소 하는 날을 정해 마을 사람들이 나와서 스스로 청소하는 날이 되었다.

 물론 귀찮아하시는 분들도 계셨지만, 사정이 여의치 못하여 못 나오신 분들께 부담주지 않아야 하므로 시간적인 여유가 되시는 분들만 나오시라고 말씀드리고 꾸준히 청소하는 마을로 변해갔다.

 아저씨는 자신이 희생하고 봉사한다는 생각을 하지 않았다. 그냥 습관처럼 나와서 매일 청소하는 것이 일상화되었겠지만 자신도 365일 매일 나와서 청소한다는 것이 쉽지는 않았을 것이다. 봉사한다는 것은 희생이 따르지 않고는 이루어내지 못한다. 그런 아저씨는 웃음으로 화답하면서 즐기고 있었다.

 동네 사람들에게 아저씨의 웃음은 에너지가 되었고 그렇게 모든 사람이 청소로 공동체의 일원이 되어갔다.

 음식의 양념이나 가공식품의 첨가물은 불과 1% 미만의 소량이 들어가서 맛을 낸다. 사람의 몸은 70% 이상이 물로 되어 있지만 소금은 0.9%만 들어있다. 그 소금의 역할은 몸

속에서 음식물이 위장으로 들어갔을 때 위산 분비와 소화 효소 분비를 돕는 데 중요한 역할을 한다. 아주 적은 양의 물질이지만 아주 큰 역할을 해준다.

가공식품도 마찬가지다. 맛있는 과자나 소시지 같은 식품의 나트륨의 구성비는 아주 적은 양이 들어가서 입맛을 좌우한다.

사람이 살아가는 데 중요한 결정이나 추진해가는 과정에서는 많은 힘이 필요하지만, 동기부여는 많은 사람이 아닌 한 사람으로부터 시작돼 큰 힘을 발휘할 수 있다.

처음부터 큰 힘이 될 수도 있지만 작은 힘이 모이다 보면 가속도가 붙어 큰 원동력이 된다. 아름다운 길을 만드는 데 들어가는 힘은 결코 처음부터 큰 힘을 필요로 하지 않았다. 작은 힘들이 모인 원동력이 몇 배의 큰 힘이 될 때 우리의 보람도 배로 증가되었다.

솔선수범하는 마음으로 먼저 자신을 내보이고 어떤 환경을 개선시키는 아름다운 마음은 모든 사람에게 평온과 따뜻함을 느끼게 한다. 말로만 떠들어서는 이루어지지 않는다. 자신이 먼저 아름다운 행동을 함으로써 주변 사람들이 마음을 열고 다가온다. 폐쇄적이던 마을이 매일 청소하시는 아저씨로 인해서 열린 마을로 변해간다. 서로가 함께 모여서 청소하면서부터 서로에게 다가가는 계기를 만들어 준 것이다. 더불어 동네의 길도 깨끗해졌다.

  살아가는 방법은 다양하지만, 함께 어울려 공동체를 만들어 간다는 것은 어느 한 사람의 봉사와 희생의 힘이 원동력이 되어 유지된다는 것을 느낀다. 먼저 솔선수범하는 희생 정신은 숭고하다.

## 나의 茶道

  20년 전 경기도 광주시 초월읍에 동물병원을 개원할 당시에 주변에는 동물병원이 없었다. 지금도 초월읍에 동물병원은 한 곳밖에 없다. 서울과 멀지 않은 곳이지만 시골이라 차로 동물병원 오기 힘든 곳은 왕진(직접 가서 진료)가는 경우가 많았다.

  당시에 병원 주변에는 도자기 굽는 데가 많았다. 도자기 굽는 대부분의 작업장 주변에는 진돗개들을 키우는 데가 많다. 개들이 크기 때문에 아프면 병원으로 직접 데려오기가 힘들다고 하여 도자기 굽는 데는 꼭 왕진와서 진료해주기를 원했다.

  진료 가방을 챙겨서 도자기 굽는 데 가서 진료하고 나면 돈을 주는 사람들도 있었지만, 어떤 분은 돈이 없어서 그런지 진료비 대신 도자기로 직접 만든 찻잔을 주기도 하였다.

좋은 도자기인지, 나쁜 도자기인지 모르지만, 당시에 진료비와 찻[茶]그릇의 가치를 비교할 수 없지만, 돈이 없다는데 하는 수 없이 받아왔다.

소꿉놀이할 때나 쓰는 작은 소품 같은 그릇을 가져왔는데, 우리 집에서는 아무짝에도 쓸모없는 무용지물의 그릇일 수밖에 없었다. 아내는 나보다 한 단계 높게 현금 받아오면 이런 것 열 개도 더 사겠다고 구박해댔다. 장식하기에도 별로 어울리지 않고, 술잔으로 하기도 어딘지 부족해 보여서 아내 몰래 다용도실 창고 안에 보관했던 청자, 백자, 분청으로 만들어진 찻그릇이 5벌이나 되었다.

어느 날 잘 알고 지내던 수도사란 절의 주지 스님이 절에 차 한잔하러 오라고 했다. 일요일날 절에 올라가서 주지 스님과 차 한잔하면서 사정을 말했다.

스님은 웃으시면서 세작인 하동 녹차 한 봉지와 차 내리는 법을 상세히 가르쳐 주시고는, 하루에 한 번씩 옷 갈아입듯이 습관처럼 천천히 차와 어울려 보라고 말씀하셨다. 그러면서 차는 물도 중요하니 절에서 나오는 생수를 받아 가라고 말해서 2리터 물병에 물도 떠 와 혼자서 직접 차를 내려 마셨다. 드디어 차를 내려 마시는 법도 배우고, 차를 마실 때 가장 중요한 3대 요소인 다구, 차, 생수가 갖추어졌다.

모름지기 차를 마시려면 그릇이 있어야 한다. 차 마시는 그릇을 다구라고 하는데 그냥 일반 그릇이나 도자기가 아니고 도공들의 혼이 담겨있는 공정 과정과 예술적인 작품의 가치를 많이 평가받는 그릇이라 작지만 비싸다고 한다. 차를 마시지 않는 사람들에게는 작고, 실용성이 없는 그릇에 지나지 않지만, 차인들에게 다구의 형태, 재질, 색상, 기능성, 마감 처리가 잘 된 다구는 은은한 가치를 품어서 고귀하게도 느껴질 수도 있다고 했다.

당나라의 소이蘇廙가 저술한 「십육탕품」에는 다완에 대한 언급이 있다.

제11품은 감가탕減加湯이다. 다구를 사용함에 있어 도자기는 가마 속에서 높은 온도로 완전히 구워낸 그릇을 사용해야 한다. 유약이 고르지 못하여 다완에서 흙냄새가 나면 차향과 맛이 온전할 수 없다고 하였다.

그릇에 따라 차 맛도 달라질 수도 있다고 한다. 그 경지에까지 도달할 정도의 미각을 갖추려고 하면 고도의 전문가 수준이 되어야 하지만 그래도 이왕이면 좋은 찻잔에 차를 마시면 기분이 좋아질 것만 같았다. 이런 멋진 다구가 나에게 5벌이나 있다니 갑자기 다구들이 보물처럼 느껴졌다. 이제는 이런 다구들을 감추어두지 않고 늘 가까이 두고 함께 하는 도반이 되어서 나를 즐겁게 한다.

　차는 차나무 생산지에서부터 상품이 되어 나오는 과정도 매우 다양하고 중요하다. 차나무에 비료나 농약을 쳐서 재배한 먹지 못하는 찻잎 구분과 찻잎을 채취하는 시기와 덖는 과정, 보관 방법 그리고 좋은 차, 나쁜 차를 구별할 줄 알아야 하는데 직접 산지에 가서 보고 사지 않는 이상 우리 일반인들은 아무리 좋은 차라도 구분하기 어려우므로 시판하는 차를 구입해서 마실 수밖에 없다.
　차의 가치는 천차만별이라고 한다. 중국산 최저품에서부터 수천만 원을 호가하는 보이차까지 종류도 다양하다. 차[茶]는 채취하는 과정에서부터 상품이 되어 나올 때까지의 공정시간도 많이 소요되면 제품에 따라서 상품의 차이가 크게 나기 때문에 일반인은 특별히 제조된 것을 구입하기가 더 어렵다고 한다. 시중에 나오는 식품안전기준으로 품질 보증받은 공인된 보통 상품도 다양하게 즐길 수 있고 안전하게 마실 수 있어서 다행이다.

  아프리카 에티오피아에서 생산하여 한국까지 건너온 커피의 품질은 잘도 따지며 좋으니, 나쁘니 평가하면서, 우리나라 자연 그대로 생산한 순수한 유기농 차(茶)는 쳐다보지도 않는다.

  나처럼 다구는 있는데 차가 없는 사람처럼 차를 마시기 쉽게 접근하기 쉽고, 실용적인 용기도 널리 보급되면 좋으련만 그런 애로사항이 있을 것이다.

  차는 물도 중요하다. 믹스커피처럼 일회용 컵에 뜨거운 수돗물 붓고 휘휘 저어서 그냥 마시는 음료수가 아니다. 생수나 지하수 같은 자연수로 적당한 온도로 맞추어서 우려내어야 맛이 난다. 조금 까다롭지만 익숙해지면 차가 좋아질 것이다.

  차와 커피를 비교하면 사과와 배의 차이라고 말할 수 있다. 사과의 맛이 따로 있고, 배의 맛이 따로 있기 때문에 특성과 취향에 따라 즐기면 되는 것이다.

  차를 마실 때는 차분하게 정적인 분위기에서 자신의 정체성을 한번쯤 돌이켜 정화시켜주는 매력을 느낄 수 있을 것이다.

차 맛은 차를 마시는 사람에게 평등하게 주어지지만 그 맛을 표현하는 사람은 각각 다르게 말한다. 이것은 마치 누구나 불성佛性을 가지고 있어 평등하지만 저마다 다르게 이해하는 것과 같은 이치이다.

비싼 찻그릇과 차를 구입하지 않아도 차[茶]라는 물질을 접해보는 것도 나쁘지 않을 것 같다. 음식물과 음료수의 보합 관계를 연구해보면 식습관에 따라 음료수가 다르다는 결론에 이른다. 돼지고기를 많이 섭취하는 중국인들과 생선요리를 많이 먹는 일본인들에게는 차를 마시는 것이 대중적이다. 그러나 채소를 많이 먹는 한국인들은 차를 그렇게 많이 마시지 않아서 대중적으로 퍼지지 못하였다. 하지만 이제는 식습관이 서구화되면서 동물성 음식물을 많이 섭취하는 한국인들도 차를 마시면 건강에도 도움이 될 것 같아서 적극적으로 추천하는 바람이다.

이상과 같이 다도茶道는 다구, 차, 물 3요소가 고루 잘 갖추어져서 맛을 내고, 자연과 어우러지는 멋이 있다. 그런데 여기서 중요한 것 한 가지가 문제이다. 바로 '차의 예절'이다.

차는 커피에 비해서 다가가기 어렵고 맛도 구분하기 어려운 음료인데 한국의 특정인들이 '차의 예절'이란 걸 만들어서 마치 일부 특정인들만 즐기는 음료로 착각할 정도로 힘들게 만들어 놓았다.

언젠가 어느 유명한 사찰에서 한국 차 시연회가 있었다. 중국, 일본 등지의 유명한 차인들을 초청하여 시연회 후 평가한 글이 〈시사매거진 IN〉에 '한국 차 문화는 왜 향을 잃었나'의 제목으로 게재되었는데 글쓴이인 중국 정부 공인 평차사인 정진단 선생의 말을 인용하면 다음과 같다.

'한국에서는 차[茶]에 대한 예절을 가르치는 곳은 많지만 차 자체를 가르치는 곳은 적다. 차가 무엇인지 모르면서 차 행위만 가르치는 것은 차를 오히려 멀어지게 할 수 있을 것이다. 한국은 차에 대해서 잘 아는 것과 모르는 것을 예절로 구분한다.'

그러면서 정진단 선생은 한국 녹차의 경쟁 상대는 중국의 발효차가 아니라 커피라고 충고했다.

가장 한국적이고 대중적이어야 할 차[茶]에 다도茶道라는 예절禮節의 옷까지 입히면 더 무겁다. K-푸드처럼 평범하게 즐기고, 맛보며 일반 대중들도 쉽게 접근할 수 있도록 하는 것이 차를 즐기는 문화를 발전시키는 데 도움이 될 것이다.

장원의 『다록茶錄』에 찻자리에 혼자 마시는 것을 신神이라고 하고, 손님이 둘이면 승勝, 서너 명이면 취趣, 5, 6명이면 범泛, 7, 8명이면 시施라고 했다. 나의 차방에서 혼자서 즐기는 차와 더불어 명상하면서 즐기는 혼자만의 시간에 신선이 된 것 같다.

## 가치의 논리

 책상 앞에 '가치로운 길'과 '가치 있는 길'이라고 벽면에 붙여 놓았다.
 '가치로운 길'은 60살을 살아온 과거의 길이고, '가치 있는 길'은 60살 이후의 살아갈 미래에 대한 길이라고 적혀있다. 같은 말 같은데 어감은 전혀 다르다.
 60년을 가치롭게 살아온 과거의 업적에 비해 얼마나 더 살지 모르겠지만 남아있는 숫자로는 '가치 있는 길'을 가기 위한 예측불허 미지의 세계보다는, 죽음을 향해 걸어가는 길에서 마지막까지 가치 있게 살라는 느낌이다.
 가치란 무엇일까?
 상대의 값을 가치라고 표현한다. 값의 논리다.
 한국말에 '꼴값'이라는 표현이 있다. 꼴값?
 타인은 생각지 않고 자기 잘난 맛에 멋대로 떠드는 사람을 꼴값 떤다고 표현한다.

그 사람 나름대로의 표현이지만 상대방을 의식하지 않는 것을 말한다.

자기 잘난 맛을 표현하는 것을 꼴값이라고 하지만 자기만의 표현이라고 생각하면 그것도 가치라고 말할 수 있다는 것이다.

알렝로이 맥기니스란 사람은 '인생에서 가치 있는 것은 어느 것이나 '우연히' 주어지지 않는다. 만약 우리에게 진실로 가치있는 것이 생겼다면 우리가 그것의 중요성을 알고, 그것을 얻기 위하여 헌신했기 때문이다.'라고 말했다.

꼴값도 마찬가지다. 자신은 진실로 가치롭게 살아온 것이다.

가치의 이론도 그런 것 같다. 최선을 다해서 살아온 사람만이 진정한 가치를 탄생시킨다. 가치란 수치화하는 수학적 논리도, 경영학적 논리도 아닌 진실한 삶의 논리로 말한다.

한 사람의 가치는 인생길 위에 아무렇게나 떨어진 나무 잎사귀가 아니다.

수많은 낙엽들 속에서 떨어지지 않으려고 부여잡고 있는

잎새의 처절한 몸부림처럼 자신의 가치를 잃지 않기 위해서 매달려있는 마지막 자존심이라고 표현해 주고 싶다.

  인생의 주인공은 나 자신이다. 대접해주지 않아도 좋다. 그저 길 위에 휘날리는 휴지 조각이라고 생각해도 괜찮다. 그냥 그 자체의 모습으로도 유지하면 살아갈 수 있도록 내버려 두어라. 그것이 나의 삶이고, 꼴값이다.

  경제적인 구속으로 힘들어도 나의 자유와 가치만큼은 지키면서 살고 있다.

  업적을 쌓듯이 덕을 쌓는다고 생각한다. 그러므로 내가 존재함을 느낀다.

  그것이 인생길의 가치이며, 업적이다.

  후배들에게 회자되는 업적들은 역사가 되어서 큰 가치의 차이로 구분되어 진다.

  그러기 때문에 먼저 살다 간 사람들의 업적이 몇백 년이 흘려서도 높이 평가되어 진다. '누구의 바른 판단이 지금 이렇게 좋은 업적으로 남아서 우리가 살아가는 데 유익한 길로 인도하였다.'와 '누구의 잘못된 행동으로 몇천 명이 죽었다.'를 비교한다면, 먼저 살다 간 사람들의 업적과 과오를 보면서 교훈으로 삼는 것이다. 때문에 함부로 잘못된 행동하지 않고 바른길, 가치 있는 행동을 해야 한다.

　　財上平如水 人中直似衡재상평여수 인중직사형
　　:재물은 평등하기가 물과 같고, 사람은 바르기가 저울과 같다.

　세계 모든 은행은 공인인증기관에서 평가하여 다양한 등급으로 신용도를 수치화하여 등급별로 구분해놓는다.
　은행들도 개인 신용등급을 정해서 은행 계좌를 관리한다. 개인 삶의 가치도 등급별로 평가하여 수치화한다면 이 얼마나 삭막한 세상인가.
　평가의 척도를 무엇을 기준으로 할지 항목부터 정하기가 까다로운 것이다.
　삶의 가치평가는 누가, 어떻게 하며 그 사람의 가치점수에 따라 무엇에다 적용해서 평가한다면 아마 신의 영역에서 해야만 될 것 같다.

　세상은 도덕적인 범주를 벗어나서 살 수도 있지만, 그런다고 법에 따라 평가하여 낙오자를 만들어서 못 살게 만든다면 가치평가는 잘못된 것이다.

공동체란 함께 살아가는 것이다. 신용등급과 가치평가도 중요한 것이지만 살아가는 참모습은 모두가 함께 살아가기 때문에 더불어 살아가야 한다.

삶의 가치는 공증된 값으로 매기는 물건이 아니다.

유·무형의 자산으로 누구에게나 신뢰와 믿음을 주는 아주 평범한 자신만의 품격이다. 무조건 오래됐다고 골동품의 가치가 높은 것이 아니라 예술성, 희귀성, 전통성, 시대적인 용도와 실용성 등등의 모든 종합적인 가치를 따져서 품격이 정해지듯이 사람의 가치도 다방면의 평가를 따져서 품격이 정해지지만 그런 가치를 누가 평가해주는가? 눈높이에 따라 차이가 크게 난다. 그래서 사람의 가치척도는 삶의 질에 따라서도 주관적인 가치와 객관적인 가치의 평가는 달리할 수 있다.

인터넷에 올라온 어느 누군가의 글이다.

가난하지만 쓸쓸해 보이지 않는 사람이 있다. 그는 이미 풍요로움으로 채워져 있기 때문일 것이다.

고독하지만 전혀 서글퍼 보이지 않는 사람이 있다. 그는 이미 행복한 사람으로 드높아져 있기 때문일 것이다.

말이 없지만 전혀 답답해 보이지 않는 사람이 있다. 그는 이미 평화로운 사람으로 투명해져 있기 때문일 것이다.

이름을 알아주는 이가 없으나 결코 낮아 보이지 않는 사람이 있다. 그는 이미 신비한 사람으로 살아있기 때문일 것이다.

결함이 있지만, 그것이 결함으로 보이지 않는 사람이 있다. 그는 이미 세속의 틀 따위를 뛰어넘은 사람으로 우뚝 서 있기 때문일 것이다.

나이가 많지만 늙었다는 느낌을 주지 않는 사람이 있다. 그는 정녕 싱싱하고 젊은 영혼의 소유자이기 때문일 것이다.

관찰자가 아닌 내가 주인공이 될 수는 없는가.

이런 아름다운 글을 남긴 사람은 이미 개인의 삶의 가치와 품위를 높여 주었기 때문이다.

인생길 걸어가면서 과부하가 걸리면 언제든지 휴식을 해야 한다.

불구부정不垢不淨 더럽지도 않고 깨끗하지도 않고, 부증불

*감不增不減* 더하지도 않고 덜하지도 않다. 우주의 섭리를 이해하고 순응하며 살아야 한다.

인생길 마지막 순간까지 가치를 따지고 살지는 못한다.

100세 시대 고령에는 하루 잠자고 일어나는 것도 감사할 것이다. 늙어서 자기 몸 스스로 일어나서 걸어다니면서 남에게 의지하지 않고 스스로 편안하게 밥 먹고 숨 쉬고 있는 것도 감사할 것이다.

인생길 위에 가치를 부여하는 것도 육신이 건강하고, 정신적으로 바르게 생각할 수 있을 때까지만 가치가 부여되는 것 같다.

마지막 인생길 위에서는 가치를 부여하고 평가하는 것보다 즐기면서 삶의 의미를 아름답게 간직하면서 내적인 가치평가를 더욱 높여 주는 것이 바람직해 보인다.

인생길은 결승점 없는 무한한 길이다.

유유자적 즐기고 다양한 체험을 하면서 끝없이 더불어 가는 시간을 가져야 한다.

현재 대비 향후 10년, 20년 의미가 없어 보일지 모르겠지만 현재가 지나가고 어느 날 나도 모르게 10년 뒤에 내가 그 자리에 서 있을 때 지나온 과거를 수정할 수 있는 계획서라도 만들어 놓는 것도 괜찮을 것 같다.

  가치 있는 삶도 중요하지만, 어떻게 즐기면서 살아가느냐의 가치는 더 높다.

## 슬픈 길

 잿빛 하늘색, 곧 비가 쏟아질 것 같다. 언제 이 길을 지나갔는지 모르겠다. 기억 저편 아른한 추억 같지만 혼자서 끝없는 나락의 세계로 빠져서 도저히 헤쳐 나갈 수 없었던 날들은 나를 현재 여기까지 몰아내었다.
 친한 친구의 이야기다.
 하루 일과를 처음부터 끝날 때까지 함께 먹고 자고 일하며, 일거수일투족 모두가 다 알고, 일하는 곳이며, 서로의 감정까지 알고 보듬어 안고 동고동락하는 가족처럼 함께 장사하던 친구였다.
 어느 날 친구의 아버지와 어머니가 함께 세상을 떠나 버렸다.
 그날도 새벽 6시, 아버지의 오토바이 뒷자리에는 어머니께서 올라타고 시장에 함께 가시는 길이었다. 새벽시장에는 물건도 싱싱하지만, 가격이 싼 편인데 소매상 하는 상인들은 아침 일찍 도매시장에 가서 물건 받아오는 일이 일상생활이다.

항상 같은 시간과 장소이기 때문에 조금 늦거나 빨리 온다 해도 30분 이상 차이 나지 않았다. 그러나 그날은 시장에 가신 지 3시간이 지나도 아무런 소식이 없었다. 은근히 걱정되는 마음에 자신의 차로 직접 시장으로 갔다.

시장과의 거리는 약 10킬로밖에 떨어지지 않아서 도로에서 일어나는 일은 금방 알 수 있었다. 5킬로 정도 지났을까? 도로 옆에는 25t 덤프트럭이 서 있고, 차 앞에는 자주 보던 찌그러져 있는 오토바이 한 대와 핏자국이 흥건히 고여있는 모습이 눈에 들어왔다. 느낌이 아주 이상했다. 자신의 차를 바로 돌려서 근처 파출소로 갔다.

아침에 차량 사고를 확인할 수 있는지 물어보니까 지금 병원 영안실에 두 분이 계신 데 신원확인 중이라고 했다.

아버지 어머니께서 아침에 나가실 때 물건 살 돈만 가져가셨지 주민등록증이나 면허증을 소지하지 않고 그냥 가셨다.

트럭 앞면에 얼굴이 받혀 얼굴인식이 어려워서 신원조회가 늦어졌다고 했다.

자신의 부모님이 맞다고 했다. 아~ 이럴 수가, 어떻게 하루아침에 부모님께서 함께 그렇게 고통스럽게 돌아가실 수 있을까. 그 순간을 어떻게 표현할 수가 없었다.
　영안실에 누워계신 부모님의 모습을 차마 볼 수가 없었다. 그래도 신원확인을 위해서 어쩔 수 없이 두 분의 모습을 확인해야 했다. 가족이라고는 부모님과 자신 세 명뿐인데 어떻게 하라고. 슬픔의 날은 그날로 끝나는 것이 아니었다.
　그날부터 시작이었다. 얼마의 시간이 흘러서 다시 제자리로 돌아오는 걸까? 하염없이 흐르는 시간 속에서 친구는 피폐해지는 생활로 육체는 폐인이 되었다.
　언제 어디서 누구나 다 겪어보는 시련과 아픔에서 자신을 지키면 스스로 지켜내는 시간은 주어진다. 친구 역시 부모의 죽음 앞에서도 이겨내야 할 의무가 있다는 것을 알고 있지만, 행동은 전혀 다른 방향으로 흘러가고 있었다. 마지막의 절벽 앞에서 뛰어내리려던 순간, 하늘을 보았다. 그날도 잿빛 하늘이였다.
　갑자기 소나기처럼 비가 마구 쏟아져 내렸다. 마치 하늘나라에서 어머니께서 자신을 부르는 것 같다고 했다. 뛰어내리면 하늘에 계신 부모님께 못 올라가잖아! 그 자리에 주저앉아서 울어버렸다. 죽을 용기가 없으면 열심히 살아야 한다.

나약하게 살면 자신만 더 초라해진다. 슬픔은 나의 슬픔이지 타인은 그 슬픔을 모른다. 차라리 슬픔 대신 즐거움을 내 안에 간직하면 좋으련만 전략적으로 생활해야 했다.

슬픔을 딛고 일어서는 자는 어떤 일에서나 쉽게 무너지지 않는다. 극복해내는 방법을 알기 때문이다. 충격을 완화하는 방법이나 중화시켜서 이겨낼 방법을 알기 때문이다.

때마침 알고 지내던 여자 친구의 소개로 친구에게 편안하게 만날 수 있는 여자를 소개해주었다.

한동안 둘이서 사이좋게 잘 지냈다. 결혼까지는 말하지 않았지만 서로 아껴주고 위로하면서 예전 같은 생활은 아니지만, 여자가 있으므로 어떤 책임감과 생활의 활력소가 생겨서 나름으로 열심히 일했다. 부모님께서 남겨두고 가신 점포에서 채소와 과일을 함께 판매하기 시작하였다.

물론 나도 결혼 준비하고 나의 판매점을 혼자서 이끌고 나갔다. 이제는 어느 정도 자리를 잡을 무렵 어느 날 둘이서 술 한잔하는데 여자와 헤어졌다는 이야기를 하였다. 여자 집에서 반대가 심했던 모양이었다.

1년 정도 사귀다 헤어진 후 친구는 또다시 방황하기 시작하였다. 어느 날 조용히 점포정리를 하고 모든 것으로부터 내려놓고 어디론가 떠나버린 친구는 아무런 소식이 없었다. 그로부터 3년 뒤 경찰서에서 전화가 왔다.

3년의 세월이 흐르는 시간 속에 이겨낼 줄 알았던 친구는 나에게 유서 한 장 써놓고 하늘나라로 가버렸다. 슬픔을 이겨내지 못한 것도 자신이지만, 지켜주지 못한 나의 잘못도 있어 죄책감이 들었다. 친구가 하늘나라 가는 날도 흐린 날이었다.

일가친척도 없이 혼자 남은 삶의 흔적들이 쓸쓸했다. 아무것도 남겨놓지 않고 홀로 홀가분하게 떠나는 친구의 한 줌의 재를 바다에 뿌려주고 돌아오는 길에서 나도 한없이 울어 주었다.

죽은 사람을 떠나보내는 만큼 슬픈 길은 없는 것 같다.

# 마지막 길

 세상에는 돌아오지 못하는 길이 없을 것 같지만 돌아오지 못하는 길도 있다.

 불길한 예상을 미리 했다면 가지 말았어야 할 덴데 누가 그런 불상사를 예견하고 다니겠는가. 조심하면서 길을 떠나기는 하지만 한 번의 실수가 영원히 돌아오지 못하는 경우가 생기기도 한다.

 특히 교통사고의 경우에는 한순간에 일가족 모두를 사망케 하기도 하고 평생 불구로 살 수 있는 무서운 사고이다. 하지만 그런 교통사고를 수없이 보고도 우리는 네 바퀴로 달리는 자동차에 몸을 싣고 마음껏 무법이 난무한 도로 위를 사정없이 달리고 있다.

 나의 어머니께서도 새벽 5시 시장에 가시다가 교통사고로 돌아가셨다.

왜 무엇 때문에 필요하지도 않은 파를 사러 가셨는지 모르겠지만 옷도 가볍게 입으시고 주민등록증과 지갑도 없이 호주머니에 1만 원 들고 시장에 나가셨다고 한다.

아침부터 집에서 기다리시던 아버지께서는 몇 시간이 지나도록 돌아오시지 않는 어머니를 하염없이 기다리시다가 당신께서 가시던 길로 몇 번이나 오갔지만 만나지도 찾지도 못하고 다시 돌아와서 큰아들에게 연락하고 경찰서에 신고하고 나서 무연고 사망자 명단에서 시신이 안치된 병원에 찾아가서 시신 확인 후 찾아왔다.

그동안 얼마나 애가 탔을까? 아버지께서는 장례식에서 3일 동안 오열을 토하셨다.

그렇게 가시고 3년 후 아버지께서도 어머니 곁으로 가셨다.

2020년 교통사고 통계자료에 따르면 한 달에 332명이 교통사고로 사망한다.

하루에 11명꼴이다. 얼마나 끔찍한 일인가. 당해보면 그 비참함을 알 것이다.

에베레스트 정상을 12좌 완봉한 산악인도 하산하다가 크레바스란 얼음구멍으로 빨려 들어가서 시신도 찾지 못할 수도 있다고 한다. 제아무리 경험이 많아도 앞이 보이지 않는 눈 덮인 산에서는 위험하다는 걸 알고 있지만, 찰나의 순간 자신도 모르게 빠져서 생명을 빼앗길 수 있다.

요생행면僥生倖免이란 말이 있다. 요행으로 살고 요행으로 면하지 않음이 없다.

우리는 길을 떠날 때는 목표를 정해두고 떠난다. 하지만 길 위에서는 예측하지 못하는 일들을 수없이 겪고 살아간다. 길이란 이렇게 모호한 함정이 있는 곳이다.

그것은 사람이 인위적으로 막았을 때나, 자연재해가 일어날 수도 있고, 자의든, 타의든 갈 때는 괜찮았는데 다시 오려고 하니까 길이 없어지거나, 함정에 빠졌을 때는 돌아오기 힘들 때가 있다.

자신의 기량이나 능력은 그만큼인데, 두 배 이상의 능력을 발휘하여 한계성을 모르고 무리하게 행하면 역부족의 기량은 사고로 이어지게 되어 있다.

최선을 다하는 모습만으로도 만족을 느끼면 된다. 도가 지나치면 모든 것이 거꾸로 돌아가는 것을 자신이 느껴야 하는데, 망각하고 자기만족과 자아도취에 빠져서 끝까지 밀고 나간다면 결과는 좋은 쪽보다 나쁜 쪽으로 이어질 것이다.

위험한 상황이 보이면 돌아서 나오는 것이 가장 좋다. 아무리 앞에서 재미있는 일이 일어나더라도 다음 기회에 볼 수 있는 기회가 주어진다. 아니면 그런 것 보지 않아도 살아가는 데 지장 없다면 그냥 지나칠 수도 있어야 한다.

세상에는 필요한 것만 있는 것이 아니라 불필요한 것도 있으므로 공존한다.

나에게 필요 없지만, 타인에게 소중할 수 있는 물건이 있는 것처럼 모든 것은 순환의 고리가 연결되어 있다. 위기를 극복하는 방법도 꼭 필요한 것만 사용되는 것이 아니다. 세상이 험해 요행 아닌 것이 없지만 어찌하겠는가.

사람은 자고로 내면의 자신과 외면의 자신이 조화를 이루고 살아야 한다.

그래야 큰일에나, 작은 일에도 실수를 많이 하지 않는다. 사소한 일이지만 큰 화를 입을 수 있기 때문에 작은 일에도 조심하고 경솔해서는 안 되는 것이다.

사람은 큰 바위에 걸려서 넘어지는 것이 아니라 작은 돌멩이에 걸려서 넘어진다. 작은 일을 대수롭지 않게 넘어가다가 큰일이 될 수 있고, 그냥 지나치다가 어느 날 큰 사건이 되어서 나에게 되돌아올 수 있으므로 세상일은 어떤 단순한 일도 그냥 쉽게 생각할 것이 아닌 것 같다.

　세상은 원래 공평치가 않다. 그래서 삶을 향유하는 것이다.

　쾌락을 추구하는 것이 아니다. 고난의 순간에도, 내일의 희망을 위해서도, 세상의 모든 근심걱정, 희로애락 순간적으로 왔다가 가는 시간과 공간을 향유하는 것이다.

　영원한 것은 없기 때문이다. 현재의 시간에 존재하는 모든 것들과 함께 편견을 갖지 않고 순리에 역행하지 않고 받아들이면서 공유하는 것이다.

　나만 힘들다고 생각하지 않는 마음가짐도 중요하다.

　　색즉시공 공즉시색色卽是空 空卽是色 회자정리 거자필반會者定離
　　去者必返
　　:차 있는 것이 비어있는 것이고, 비어있는 것이 차 있는 것이다.
　　만남에는 헤어짐이 정해져 있고, 떠남이 있으면 반드시 돌아옴
　　이 있다.

　이태백은 춘야연도리원서春夜宴挑李園序에서 '천지의 만물이 하룻밤 쉬었다 가는 여인숙天地萬物之逆旅'이라고 하였다.

　'태어나는 것은 반드시 죽는다'는 것은 진리다. 하루하루

촌음寸陰을 아끼고 후회 없는 삶을 사는 것은 죽음의 두려움을 극복하는 방법이다.

만나면 헤어지는 것이 세상사 법칙이다. 매달리고 집착하고 놓고 싶지 않은 그 마음이 괴로움의 원인이다. 마음을 새털같이 가볍게 하는 지혜도 필요하다.

돈도 왔다 가고, 사랑도 왔다 가고, 좋은 일 나쁜 일도 왔다 가면 그뿐인 걸 생겼다 사라지는 것에 미련을 가질 필요는 없다. 이미 왔다 갔는데 그 찌꺼기 기억의 흔적에 사로잡혀 홀로 괴로워할 필요가 없기 때문이다.

돌아가신 분을 추모하고, 시신을 잠시 보관하는 공통된 장소 장례식장. 살아있는 사람들이 마지막으로 인사를 할 수 있도록 배려한 장소가 장례식장이다.

경건한 마음과 검은 옷들의 침울한 분위기, 그 누구도 '하하'하고 웃으면 이상해지는 장소에서 망자는 보이지 않고 망자와 관계되는 사람의 얼굴만 보일 뿐 우리는 교대로 인사 올린다.

'고인의 명복을 빕니다.'

명복을 빌어봤자 육신은 땅속 아니면 불 속이지 어디 가겠는가!

즐겁게 누릴 것 다 누리고, 행복하고, 만족하게 살다 가는 사람이 몇이나 되겠는가. 우리는 알면서도 그렇게 살지 못한다. 살아있을 때는 돈이 없어 누리지도 못하고, 안타깝게 가는 고인의 위안 때문에 경건한 마음으로 예를 다해야 한다.

죽으면 그대로 끝이고, 할 수 있는 것이 없다.

죽은 사람에게 왜 절을 두 번 할까? 동양의 음양사상에 의하면 살아있는 사람은 양陽이고, 죽음 사람은 음陰으로 양은 홀수 1, 음은 짝수 2, 그래서 살아있는 사람에게는 절을 한 번, 죽은 사람에게는 2번하는 것이고 한다.(한국 전례원 예절)

우리는 그렇게 죽음의식을 행한다.

의식은 의식일 뿐 아무것도 아니다. 하지만 성의껏 예를 표해야 한다.

혼은 우리의 모든 것을 끝까지 지켜보기 때문에 얼렁뚱땅하면 안 된다. 그래서 장례식장에 갈 때는 예의를 갖추어서 깨끗한 옷과 점잖은 표정으로 말과 웃음을 삼가고, 엄숙하고 경건한 마음으로 행하는 것이 좋다.

망자들을 위한 잔치. 그들은 우리에게 말을 못 할 뿐이지, 말없이 빤히 쳐다보고 있을까? 경험으로 봤을 때 살아있을 때 상대방에게 고마움과 칭찬과 욕을 해도 빤히 쳐다만 볼 뿐 아무런 말을 하지 않았다. 그러므로 망자의 한은 한일 뿐 되돌아오지 않는다. 그런다고 욕은 하면 안 된다. 살아있을 때의 잘잘못도 망자 앞에서는 하지 않는 것이 좋다.

영혼은 어디로 갈까 하는 생각도 하지 않는 것이 좋다. 어디를 가든 나와 상관이 없기 때문이다. 그것까지 알고 살면 살아가는 게 피곤해진다.

살아있는 자신이나 잘 돌보고 살아가면 된다. 그러나 망자의 유언만큼은 들어주어야 할 것이다. 영혼이 지켜보기 때문이 아니라 그와의 약속을 지켜야 하기 때문이다. 비록 세상에 없는 사람과의 약속이지만 한 번 한 약속은 꼭 지켜야 한다.

망자의 영혼이 가끔 꿈속에서 나타난다. 꿈속뿐만 아니라 내가 어려운 길을 갈 때면 한 번씩 나타난다. 일종의 혼자만의 중얼거리는 독백처럼 "아버지", "어머니"하고 한번씩 불려보기도 한다. 도움을 요청하는 일종의 주술적 언어일 뿐이지만 가끔 힘이 되어주기도 한다. 그리움에 불러보기도 하고, 무언의 요구로 의지할 수 있으며, 자신과의 약속을 다짐하듯이 허공으로 띄워 보내기도 한다.

살아생전 그들에게 고마움의 표시로 망자를 위한 기도도 한 번씩 드려보기도 한다. 마치 자신이 정화되는 느낌도 든다.

살아있는 우리는 모든 것들에 예를 표하는 마음으로 산다면 스스로 겸손해질 것이다. 산 교육이 따로 없다. 스스로 예절과 겸손함을 알면 바로 지혜를 얻는 것이다.

어디를 어떻게 가든지 가기 전에는 마음속에서 예절과 겸손함을 가지고 길을 가는 마음가짐으로 행동하면 올바른 방향으로 가는 것이다. 장례식장 가는 길에 차분하게 망자와 함께 걸어갔던 추억을 떠올려 보는 것도 그를 위한 마지막 위로가 될 것이다.

죽음을 마지막이라고 말하고 싶지 않아서 죽음을 부활이라고 표현하기도 한다.

그런다고 영원한 삶을 말하는 것은 아니다. 육신이 머물다 간 자리이지만 영혼은 오랫동안 머무를 것이다. 그 영혼을 위해서 작은 배려로 마지막이란 표현을 하지 말자는 것이다. 망자의 한은 눈에 보이는 실체가 아니지만 함부로 말하면 안 된다.

영혼이 떠나기 전까지 최대한의 예의를 갖추어 주어야 한다.

육신이 없다고 욕한다면 나의 영혼이 나중에 그 대가를

받을 것이다.

곁에 머물다가 떠난 빈자리는 참으로 오랫동안 여운이 남게 마련이다. 미련 없이 훌훌 던져버리고 싶지만, 미련은 가슴속 깊숙이 자리하고 있었기에 그렇게 쉽게 훌훌 떠나지 않는다. 망자를 위해서, 또한, 살아 숨 쉬는 자신을 위해서라고 조용히 달래주는 것이 아름다움으로 끝 매김 하는 것이다.

세네카(Lucius Annaeus Seneca)는 '사람은 인생을 어떤 방법으로 살아야 하는지를 평생을 통해 배워야 한다. 또한 사람은 어떻게 죽는 것이 좋은지를 배우기 위해서도 평생을 보낸다.'라고 하였다.

천수를 다 누리고 편안하게 죽는 것은 오복 중에 고종명 考終命이다. 말하자면 잘 죽는 것이다. 잘 죽는 것의 요체는 평화스러운 죽음이다. 고통 없이 죽는 것이다. 고통 없이 죽을 수는 없겠지만 덜 고통받고 죽는 것도 고종명이다.

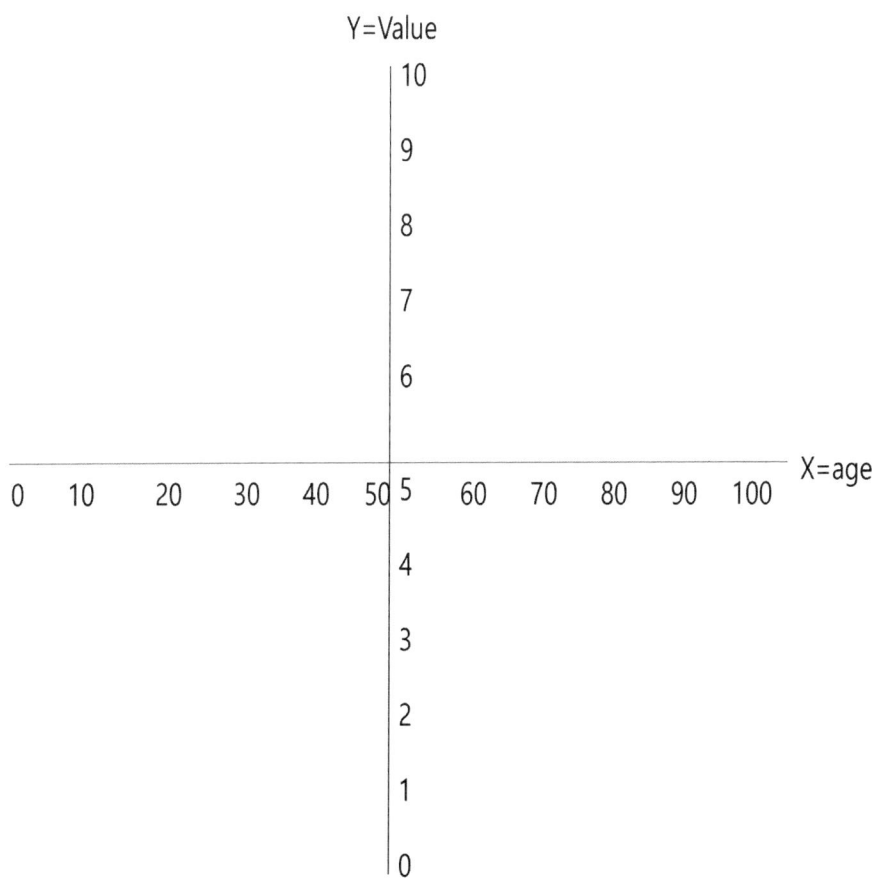

X=Age(나이), Y=Value(가치)이다.

나이에 따라 가치는 다르지만 동일한 조건에서 어떤 가치를 찾는가는 개인의 몫이다.

100세때의 10의 가치는 무얼까?

| 에필로그 |

# 길

길은

아름다운 창조물이다.

단순한 1차원 세계에서 걸어가는 의미만이 아니다.

시공간을 초월한 무한의 공간인 4차원의 세계로까지

다양한 모습으로 현실에서뿐만 아니라 가상세계에서도

길은 뚜렷한 방향성을 제시한다.

길은 모든 사람에게 똑같은 조건을 주기 때문에

누가 더 유리하고 불리하다는 생각은 하지 말아야 한다.

비록 동일선상의 조건이 아닐지라도 비교하지 말고

가야 한다.

세상의 모든 생명체가 공용하는 길 위에서 끝없는 경쟁으로 도전하고 추구해 나가야 한다.

길은 똑같은 모양이 없다.
비슷하면서도 차이가 나고, 다양하고, 변화하는 습성이
있기 때문에 길을 걸어가다 보면 헤맬 때가 많다.
그럴 때 가장 중요한 것은 중심을 잡는 것이다.
한번 자기중심을 잃어버리면 스스로 복구할 때까지
많은 시간이 소요된다. 언제 어디서 새로운 길을 만나도
중심을 잃지 않는다면 새로운 길에서도 빠른 적응력을
발휘하여 앞으로 헤쳐나갈 힘이 생기는 것이다.
걸음의 속도는 중요하지 않다.
남들보다 조금 늦게 간다고 조급해하지 말아야 한다.
자신만의 페이스를 유지하고 가는 것이 오히려 더 먼저 간
사람들보다 멋지게, 더 먼 길을 갈 수 있는 게 길이다.
젊은 시절에는 지금 내가 가고 있는 길이 맞는 건지,
어디로 향해 가고 있는 건지, 구별이 안 될 때도 있었다.

그럴 때는 잠시 쉬어가는 것도 방법이다.

무조건 앞만 바라보고 가라고는 하지 않는다.

그래서 길에는 휴식을 취할 수 있는 벤치가 필요한 것이다.

지금 내가 가고 있는 길 위의 환경과 변화되어가는 모습에

적응하고, 한번씩 앞, 뒤, 좌, 우도 살펴보고 함께 갈

동반자가 있는지 살피고, 자신의 체력도 안배하여

재도약할 수 있는 마음가짐부터 가꾸어 전진하면 된다.

길의 기능은 끝이 없다.

순기능일 수도 있고, 역기능일 수도 있다.

물론 회전하는 기능도 있다.

과거와 미래가 공존하는 기시감은 현실이다.

방향성의 차이일 수도 있다.

돌아올 수도 있지만, 영원히 돌아올 수 없을 때도 있는

앞과 뒤의 끝이 보이지 않는 것이 길이다.

자신이 할 수 있는 일에 최선을 다하여

결과에 만족할 줄 알아야 한다.

주어진 성과를 비관하면 후회뿐이다.
최선을 다하고 만족을 느끼면 된다.


길은 내가 걸어 다니는 보폭보다 더 넓은 공간이
있기 때문에 안전하게 걸어 다닐 수 있다.
길은 혼자서 갈 때와 여러 명이 함께 가는가에
따라 역할이 다양하다.
혼자서는 언제든지 편리하게 자신만 돌보면 되지만
동반자나 자신보다 허약한 사람과 함께 동행할 때는
가족 같은 의식을 가져야 한다.
길 위에서 선택의 폭은 넓지만 헤쳐나가는 방법에
따라서 결과도 다르게 나타날 수도 있다.
내 모든 열정과 정열을 불태우며 추진력 있게 헤쳐가는
모습으로 나를 신뢰와 믿음으로 지켜보는 사람들에게
안도감을 주어야 한다.

길은 어떤 목적으로 가느냐에 따라 가치도 변한다.
대통령이 되는 길, 국회의원이 되는 길, 노벨상 수상자가
되는 길, 과학자, 의사가 되는 의미 있는 목적을 두고
꿈을 향해 가는 길이 아니어도,
목적이 불분명하지만 참된 삶, 진실한 삶, 헌신하는 삶,
사회복지사의 삶을 꿈꾸며 현실에 충실하며 가는 길도
삶의 목표만 바르게 가지고 간다면 가치 있는 길이다.
형식화되고, 정형화된 반듯한 길보다
비형식화, 비정형화된 길에서 사회 공헌하고, 도움이 되는
길은 많다.
어떤 모습으로도 진실된 삶의 범주 안에서 우리는 서로
상부상조하는 공통된 이상형의 아름다운 길을
만들어야 길의 가치를 더욱 빛낼 수 있을 것이다.
내가 가고 있는 이 길 위에서 자신을 돌이켜
보았을 때 초라하고, 부끄러운 모습이 비친다면
그 자리에서 멈추고 다시 되돌아와야 한다.

길 위에서 좌절하면 쓰러질 수도 있다.

길 위에서는 항상 당당한 모습과 자신감이 충만해 있어야 한다. 그래야만 끝까지 갈 수 있을 것이다.

이것이 길 위에서의 도전의 첫째 조건이다.

지금 가고 있는 현시점에서 좌절을 딛고 일어서서 끝없는 도전과 열망으로 앞에 놓인 무궁무진한 변화에 적응하고 도약할 수 있는 강한 모습으로 극복하여야 한다.

길은 끝없는 희망을 안겨 준다.

미지의 세계를 향하여 끊임없는 도전을 하고 멈출 수 없는 질주 본능의 선로 위에서 스스로 달리고, 멈출 수 있도록 제어하고, 통제해가야만 타인과 부딪치지 않고 헤쳐갈 수 있다.

나와 같은 방향이 아니더라도 함께 더불어 가는 길은 공존한다. 나만 독불장군처럼 무소불위의 행동은 삼가고 비켜 가야 한다.

가다가 힘들면 쉬기도 하고, 바삐 가야 할 때는

거침없이 달리기도 하고 즐기면서 가야지 멀리

가더라도 지치지 않는다.

길은 여러 갈래로 뻗어 있다.

수많은 길을 경험할 수 있지만 결국에는 한쪽만

선택할 수밖에 없다.

수많은 길 위에 자신의 발자국을 다 남길 수는 없지만

어느 한 곳에는 자신의 족적 하나쯤 남겨 두기 바란다.

### 서재일 산문집 **길 위에 삶**

초판 1쇄 발행 | 2025년 4월 7일

지은이 | 서재일
발행인 | 장문정
발행처 | 문예바다
        등록번호 | 105-03-77241
        주소 | 서울 종로구 삼일대로 30길 21(종로오피스텔) 611호
        전화 | 02-744-2208
        메일 | qmyes@naver.com

ⓒ 서재일, 2025. Printed in Seoul, Korea
ISBN 979-11-6115-270-7 (03810)

\* 이 책의 저작권은 지은이와 출판사에 있습니다.
\* 양측의 서면 동의 없는 무단복제를 금합니다.